科学。奥妙无穷 ▶

比卡尔·本茨还懂车

BIKAER · BENCIHAI DONGCHE

于川 张玲 刘小玲 编著

中国出版集团

现代出版社

汽车起源 / 6

汽车的远祖 / 6

蒸汽机汽车 / 14

内燃机汽车 / 17

汽车之最 / 23

发动机分类 / 26

按用途分类 / 26

按动力装置类型 / 30

按行驶道路条件 / 31

按行驶机构 / 31

汽车的心脏——发动机 / 32

发动机分类 / 33

发动机性能 / 34

汽油发动机vs柴油发动机 / 36

汽车底盘 / 37

传动系 / 37

行驶系 / 38

转向系 / 38

制动系 / 39

汽车轮胎 / 40

汽车车身 / 41

车身的主要构成 / 43

车顶盖 / 43

行李厢盖 / 44

翼子板 / 45

前围板 / 46

汽车电气设备 / 47

汽车驱动方式 / 48

两轮驱动 / 49

四轮驱动 / 50

安全气囊设备 / 52

汽车安全气囊工作原理 / 53

雨刷器的发明 / 55

方向盘的诞生 / 57

红绿灯的出现 / 58

新能源汽车 / 60

混合动力汽车 / 61

纯电动汽车 / 62

燃料电池汽车 / 63

目 录

氢动力汽车　/ 64

燃气汽车　/ 66

生物乙醇汽车　/ 67

智能汽车　/ 68

智能汽车的特点—高科技　/ 70

智能汽车的重要标志　/ 71

概念车　/ 72

汽车车身型式的变化　/ 74

马车型汽车　/ 74

箱型汽车　/ 75

甲壳虫型汽车　/ 76

船型汽车　/ 77

鱼型汽车　/ 78

楔型汽车　/ 79

未来汽车　/ 80

汽车技术六大里程碑　/ 82

第一个里程碑："车梅赛德斯"开创了汽时代　/ 82

第二个里程碑：福特汽车公司开始大批量生产汽车　/ 83

第三个里程碑：前轮驱动汽车的创造者雪铁龙　/ 84

第四个里程碑："甲壳虫"汽车的神话　/ 85

第五个里程碑：难以超越的"迷你"汽车　/ 86

第六个里程碑：风靡上世纪90年代的多用途厢式车　/ 87

汽车衍生产品和产业 / 88

　　汽车旅馆 / 88

　　汽车影院 / 89

　　车展 / 89

　　仿真汽车模型 / 90

　　汽车模型与玩具的区别 / 91

世界著名汽车赛事 / 92

品牌的故事，流转的传奇 / 94

公牛狂飙—兰博基尼 / 95

　　兰博基尼品牌大事记 / 98

不变的贵族—劳斯莱斯 / 99

　　劳斯莱斯品牌大事记 / 102

激情之翼—法拉利 / 103

保时捷 / 107

　　保时捷品牌大事记 / 111

"颠沛流离"下的辉煌—路虎 / 115

　　路虎品牌大事记 / 118

星辉照耀—奔驰 / 120

岛国传奇—丰田 / 124

目

录

● 汽车的起源

汽车的远祖 >

在原始社会，人们发明了一种简单的工具，将圆木置于重物的下面，然后拖着走，重物即可由一个地方移到另外一个地方。这被称为早期的木轮运输。后来人们发现用直径大的木轮运输速度较快，于是木轮的直径越来越大，逐渐演变为带轴的轮子，这便形成了最早的车轮雏形。车轮是由我们中华民族的祖先首先发明的。人类历史上的第一部车辆，也是在我们祖先灵巧的双手和智慧的开拓下，最早驶上了历史的舞台。在中国古代神话中，有黄帝造车的传说，我们知道黄帝又号称轩辕氏，"轩"是古代一种有围篷的车，"辕"是车的基本构件，由此可见，黄帝造车的典故并非空穴来风。

据史料记载，在公元前2000多年的夏初大禹时代，有一位管车的大夫名叫奚仲，他是中国车子的创造者，也是世界上

第一辆车子的发明者。据历史记载，公元前1600年的商代，我国的车工技术已达到了相当高的水平，能制造出相当高级的两轮车，采用辐条做车轮，外形结构精致华美，做工也不

十分复杂。到西周时期（公元前771年），马车已经很盛行了。春秋战国时期（公元前770—公元前256年），由于各诸侯国之间频繁的战争，马车便被纳入到战争的行列。在当时来说，这成为代表一个国家强盛与否的明显标志。陕西临潼秦始皇帝陵出土的战车，代表了2000多年前车辆的制造水平。

古人颇具聪明才智，发明车种繁多。辒车，是古代一种卧车，据说秦始皇在外驾崩，就是用辒车运回宫的。辒车，则是古代一种有帷盖的大车，既可载物，又可做卧车。《后汉书》载："云辒蔽路，万有三千余乘。"总之，这些"座驾"多象征着权贵富豪的身份和地位。

到了汉代，四川民间出现了"鸡公车"，该车系用硬木制造，长四尺，车架安设在独轮两侧，由一人掌扶两个车把推行，有时也可前拉后推，载人载物均可。车子虽小巧，载重量却可达二三百公斤。"鸡公车"因系独轮着地，所以无论平原山地，小道皆可畅行无阻，是一种胜过人力担挑和畜力驮载的既经济又实用的交通运输工具，是人类交通史上一项重要发明。据当代日本学者在研究自行车发展史时得出的结论，认为"鸡公车"是自行车的始祖。

到了三国时期，诸葛亮六出祁山时在陕西县黄河镇发明了"木牛流马"的交通工具。《三国演义》第一百二回交待此事，题作"司马懿占北原渭桥，诸葛亮造木牛流马"。它比"鸡公车"前进了一大步，可以爬坡上坎。靠着它，成都平原出产的粮秣才得以连续翻越"猿猱欲渡愁攀援"的巍巍秦岭。至于"作一木牛，连仰双环，人行六尺，车行车步"的"木牛

流马"究竟属何形态，利用何种原理，仍是一个千古之谜。

前进1000多年前的宋代，有位进士名叫燕肃，是一位机械工匠。宋仁宗天圣五年（公元1027年）。燕肃启奏皇帝，详细说明了制造指南车和记里鼓车方法，经允许，他复原了中国古代发明的指南车和记里鼓车。

到了20世纪初，在中国的很多城市里出现了双轮的人力黄包车，作为主要的"客运"工具。黄包车又分"路车"和"街车"两种。"路车"的任务是"长途客运"；"街车"专门在城内"行驶"跑"短途客运"，可以全城跑，但也设有"站口"，相当于现在公交车的车站。

16世纪，欧洲的马车制造商风起云涌，马车的制造技术有了很大的提高。中世纪的欧洲，大量地发展双轴四轮马车，这种马车安置有转向盘；车身方面，出现了活动车门和封闭式结构；并且在车身和车轴之间，实现了弹簧连接，使乘坐之人感觉极为舒适。

1600年，荷兰工程师C.史文发明制造了一辆世界上最早的汽车"风力大车"，顺风时速可达30千米。

 天子驾六

2002 年 7 月底至 2003 年 3 月，洛阳市文物工作队在配合市中心广场一期工程建设中，发现一处东周时期的大型墓地及车马坑群。总计钻探东周时期墓葬 600 多座，车马坑 29 座。其中尤以中区 5 号车马坑为突出。该坑长 42.6 米，宽 7.4 米，葬车 26 辆，残留马匹个数达 70 匹，规模之大为国内少见。坑大致呈南北向，车子呈纵向两列摆放。西排 2 号车为六马拉一车，合乎文献中"天子驾六"的记述。天子驾六，即六匹马拉一车。夏、商、周时期，道路狭窄，无法用车子大小来区分主人身份，所以史书记载的礼治为"天子驾六，诸侯驾四，士夫驾二"，这个车马坑的发掘第一次验证了"天子驾六"的说法。

蒸汽机汽车 >

在1705年，英国人纽可门首次发明了不依靠人和动物而是靠机械来作功的实用化蒸汽机。1766年，英国发明家瓦特改进了蒸汽机，拉开了第一次工业革命的序幕。

第一辆蒸汽机驱动的汽车是在1769年由法国陆军工程师古诺制造出来的。古诺年轻时，曾在德国陆军当技师，那时他就开始了对使用蒸汽机驱动车辆行驶的研究。1763年他辞职回到法国，受雇于陆军，任主管技术的军官，并继续他的研究。陆军大臣艾丁努·F·肖瓦兹公爵对此很感兴趣，拨给古诺2万英镑作为研究费用，要求他造出一种能代替马来牵引大炮的车。

经过6年的不懈努力，1769年44岁的古诺终于造出了一辆用蒸汽机驱动的车，这是世界上第一辆以机器为动力的车辆。这辆模样十分古怪的车子，车身是用木头框架做成的，车头装着一个硕大的铜制锅炉和2个汽缸，3个巨大的车轮支撑着笨重的车身，其中前轮是用来驱动和转向的。在我们看来，这辆车的结构非

常简单，由锅炉产生的蒸汽被送到2个汽缸中，推动里面的活塞上下运动，带动连杆使前轮转动，车便可以前进了。然而，这项设计在200多年前则是破天荒的，的确是一个很了不起的发明。同年，瑞士军官普兰捷尔也造出了一辆以蒸汽机为动力、可自由行驶的板车，因此也有人将普兰捷尔认定为汽车的始祖之一。

古诺的蒸汽车的主要技术数据：

车长：7.32米

车高：2米

蒸汽锅直径：1.34米

前轮直径：1.28米

后轮直径：1.5米

牵引能力：4—5吨

时速：3.5—3.9千米

连续行走时间：12—15分钟

由于古诺制造的这辆车的锅炉供气不足，蒸汽机的效率又很低，车子只能走走停停，每小时还走不上4公里。在试车中由于操纵困难，结果下坡时撞到了工场的石墙上，世界上第一辆蒸汽车就这样成了一堆废铜烂铁，这是世界上第一起机动车事故。后来古诺又花了18个月的时间，造了一辆更大的蒸汽车，能牵引5吨重的大炮，每小时可行驶9公里，现在，这辆200多年前的汽车先祖被保存在巴黎的博物馆内。18世纪的蒸汽机还存在着一个致命的弱点，就是需要利用蒸汽冷凝后在汽缸中产生的真空来带动活塞，这样，蒸汽机的体积与它所发出的功率就显得很不协调，体积庞大而笨重，发出的功率却很小，这种动力用在工业上尚可，但要作为驱动车辆的动力，还很不理想。后来，英国煤矿的一位机械工程师理查德·特雷维西克对瓦特的蒸汽机作了改进，提高了蒸汽压力，这样一来，既加大了蒸汽机的功率，又加快了活塞的运动速度，1802年他获得了高压蒸汽机的专利。他设计的这种蒸汽机被轧钢厂、轮船和挖掘机等用做动力。

1801年特雷维西克将这种蒸汽机

特雷维西克

装在了一辆大型的三轮车上，被人们称为"无马客车"，它的后轮直径达2.5米，与古诺的三轮车不同的是，这辆车采用后轮驱动。由于车身高大，开车的人和乘车的人都要费很大的劲才能攀上去。不幸的是，在这年圣诞节前夕的一次试车中，上坡时发生了故障，手忙脚乱之际，锅炉因缺水而被烧毁。

顽强的特雷维西克并没有因此而气馁，他又花了2年时间重新造了一辆，车上可乘坐8名乘客，每小时能行驶9.6公里。特雷维西克是位天才的工程师，他成为英国第一个制造蒸汽车的人。不过，真正使他出名的不是造出了蒸汽车，而是因为他发明了蒸汽机车，也就是我们俗称的"火车头"。

蒸汽车可以在道路上行驶,把它搬到轨道上也是很自然的事,当时在欧洲的许多地方都有轨道马车。1804年的2月,特雷维西克制成了一辆能在轨道上行驶的蒸汽机车,它可以牵引5节车厢,乘坐70人或装载10吨矿石,每小时行驶8公里,而车头单独行驶时,时速可达24公里/时。1808年这辆车在环形轨道上做了专门的表演,凡付了钱的观众都可以坐上去兜兜风。

尽管当时特雷维西克的蒸汽机车还有许多缺点,但他毕竟开创了蒸汽机车在轨道上行驶的先河,被后人誉为“蒸汽机车之父”。在许多人的不断努力下,蒸汽机终于被成功地用到轨道车辆上,

1825年英国首先开始了铁路客运业务,19世纪中叶,蒸汽机车在欧、美各地迅速发展起来,铁路随之成为陆地运输的主要途径。

在蒸汽机蓬勃发展的同时,蒸汽汽车的发展也从未停止过。有趣的是1805年美国费城的奥里巴·艾文思为该城港口造了一艘装有蒸汽机的挖泥船,由于从造船的工厂到港口还有一段很长的路程,于是他干脆在船的底部装上4个轮子,利用船上的蒸汽机驱动,驶向港口,创造了世界上第一辆水陆两栖车。在美国,蒸汽汽车发展得很快,从1899年到1902年的3年中共生产了4000多辆蒸汽汽车,其中怀特汽车公司的蒸汽汽车一直生产到1927

年。

在英国，初出茅庐的蒸汽公共汽车与处在交通运输霸主地位的公共马车争起了生意。1825年戈尔斯瓦底·嘉内公爵造了一辆蒸汽汽车，后来将它作为公共汽车营运，开始了世界上最早的公共汽车营业。这辆最早的公共汽车有6个车轮，自重3吨，可乘坐18名乘客、最高时速为19公里。1831年这辆车运行在英格兰的格洛斯特和切尔滕纳姆两座城市之间，生意很好，仅4个月时间就运载了3000多人次，其中不乏前来看新鲜凑热闹者。

1828年另一位英国人瓦尔塔·汉考克造出了一辆性能更好的蒸汽公司汽车—企业号，可以乘坐22名乘客，最高时速可达32公里。在以后的几年里，他共造了9辆这种汽车。由于蒸汽汽车的生意很好，1834年在伦敦成立世界上第一家公共汽车公司—苏格兰蒸汽汽车公司，他们以伦敦为中心，规定了票价和行驶路线，使公共汽车的营运步入企业化。到了1836年，英国已有20多辆蒸汽汽车行驶在公路上，大部分是公共汽车。

法国在继古诺之后，也有许多人在研究和制造蒸汽汽车。1828年奥努兹霍尔·裴克尔制造出了一辆蒸汽汽车，与众不同的是，他将蒸汽机安装在车头，通过链条驱动后轮，并在后轴上安装了差动齿轮，在当时这是一个很大胆的创新。1769年，法国人N.J.居纽制造了世界上第一辆蒸汽驱动三轮汽车。到1804年，脱威迪克又设计并制造了一辆蒸汽汽车，这辆汽车拉着10吨重的货物在铁路上行驶了15.7公里。

1831年，美国的哥德史沃奇·勒将一台蒸汽汽车投入运输，相距15公里格斯特夏和切罗腾哈姆之间便出现了有规律的运输服务，这台运输车走完全程约需45分钟。此后的三年内，伦敦街头也出现了蒸汽驱动公共汽车。当这个笨重的怪物在英国城镇奔跑时，曾引起了很大的骚动。当时，这种车比现在筑路用的轧道机还重，速度又低，常常弄坏未经铺修的路

面，引起各种事故。市民们当时曾呼吁取缔这种汽车。为此英国制订了所谓的"红旗法规"，具有讽刺意味的是，由于这条法规的实施，使得英国后来在制造汽车的工业上大大落后于其他工业国家。

世界上第一辆蒸汽驱动三轮汽车

> ## 汽车之"汽"

与"汽车"对应的英文单词是 automobile，准确的翻译是"自动车"。即本身具有动力得以驱动、不需依轨道或电力架设得以机动行驶的车辆。之所以被叫作"汽车"，是因为最早的汽车是用蒸汽机作为动力的。尽管后来蒸汽机被其他能源取代，但这个名字还是被沿用下来了。

内燃机汽车 〉

　　19世纪中叶，当蒸汽汽车还处在其发展盛世时，技术进步已为研制内燃机汽车提供了前提。那么，内燃机是谁发明的呢？令人意想不到的是，发明内燃机的人既不是科学家，也不是工程师，而是一个擅长搪瓷手艺的招待员。他叫埃梯恩·莱努阿。此人智力超群，长于发明。1855年他发明了电制动器，1865年又发明了印码电报机。1860年，莱努阿提交了一份发明专利申请，申请中写道："我的发明首先是用含空气的照明用煤气，以电点燃作为一种驱动力。"莱氏的专利获准，于是人类历史上首台内燃机宣告诞生并被记录在案。

　　莱氏的发动机功率不大，但其构想却为工业和运输技术革命奠定了基础。这台内燃机委实非常原始——二冲程，双作用卧式单缸，用电线圈点火，转速仅100转/分，功率仅1马力。但无论如何这可是世界上第一台内燃机。

　　这台发动机问世不久就被烧坏了。后来莱氏将工作缸装在一个密封的罩子里，使罩子和汽缸之间的冷却水能够循环，从而保护发动机，使之不易过热烧毁。水冷对发动机大有好处，后来的实践也充分证实了这一点。

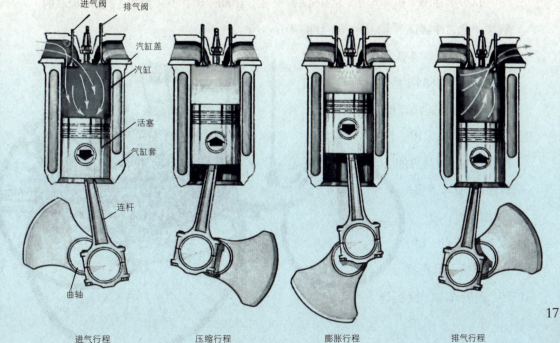

进气行程　　　　压缩行程　　　　膨胀行程　　　　排气行程

至此，内燃机的发明者为莱努阿几乎已是无可争议的。然而当提及第一辆内燃机汽车到底是谁发明的问题时，分歧可就出现了，可谓众说纷纭，莫衷一是。据说第一辆内燃机汽车的发明者是维也纳市民齐格弗里德·马尔库斯，他在1875年制造出来一辆内燃机汽车，但可惜的是并没有留下相关的记载。

不过，有两位世界公认的现代欧洲汽车制造业的鼻祖，而且都是德国著名工程师，一位是卡尔·本茨，另一位是戈特利布·戴姆勒，他俩各自独立地完成了自行车及其所用的轻型发动机的研制工作。

1879年德国工程师卡尔·本茨，试验成功一台二冲程试验性发动机。1883年10月，他创立了"本茨公司和莱茵煤气发动机厂"。1885年他在曼海姆制成了第一辆本茨机动车，该车为三轮汽车，采用一台二冲程单缸0.9马力的汽油机，此车具备了现代汽车的一些基本特点，如火花点火、水冷循环、钢管车架、钢板弹簧悬架、后轮驱动前轮转向和制动手把等，这就是公认的世界上第一辆三轮汽车"奔驰1号"。卡尔·本茨于1886年1月29日向德国皇家专利局申请了专利，同年11月2日批准。专利号为37435，类别属于空气及气态动力机械类，专利名为气态发动机车。

世界上第一辆汽车的试车者为贝尔塔·林格尔（卡尔·本茨的妻子）。"奔驰1号"虽然获得专利，但是由于车常抛锚，受到不少冷嘲热讽，因此甚至连发明者本人也不愿公开驾驶它上街。在本茨事业遭受挫折与困境时，总是全力支持他的妻子贝尔塔再一次用行动给了丈夫信心。1888年8月的一个清晨，这位勇敢的

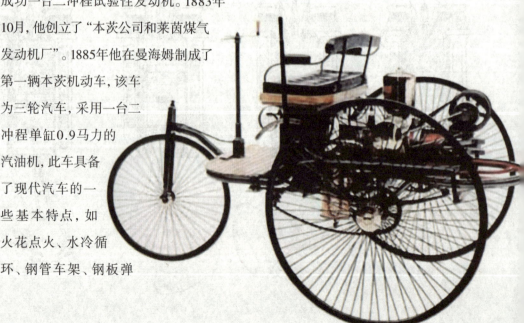

女性，带着两个儿子从曼海姆出发，试行
了100公里到达娘家普福尔茨海姆，成为
世界上第一个试车者和女驾驶员。由于
车行驶至维斯洛赫时，他们向一家药店
要过一些汽油和水，有人戏称，这里是世
界上第一个汽车加油站。本茨的妻子贝
尔塔试车时领取的是一张临时驾驶许可
证，而将其换成正式的，她等了足足4年。
当然这种等待也值得，因为这是世界上
第一张"汽车驾驶证"。

与此同时，德国人戴姆勒在迈巴特
的协助下，也于1886年在巴特坎施塔特制
成了世界上第一辆"无马之车"。在买来

卡尔·本茨

19

的一辆四轮"美国马车"上装了他们制造的功率为1.1马力、转速为每分钟650转的发动机后，该车以每小时18公里，当时所谓"令人窒息"的速度从斯图加特驶向康斯塔特，世界上第一辆汽油发动机驱动的四轮汽车就此诞生了。

戴姆勒还是世界上第一辆摩托车的发明者。早在1885年，他将自己研制的功率1.1马力的发动机装在一辆木制的自行车上，通过采用一根装有小齿轮的中间轴传递动力，使固定在后轮上的内齿圈转动驱动车轮旋转，从而诞生了世界上第一辆摩托车。

由于上述原因，人们一般都把1886年作为汽车元年，本茨和戴姆勒则被尊为汽车工业的鼻祖。1887年，卡尔·本茨将他的第一辆汽车卖给了法国人埃米尔·罗杰斯，这是世界上第一辆现代汽车的销售。同年卡尔·本茨成立了世界上第一家汽车制造公司——奔驰汽车公司。

正时皮带（或正时链条）

凸轮轴

排气门

分电器

空气滤清器

点火开关

火花塞

点火线圈

冷却水

活塞

进气门

蓄电池

连杆

曲轴

启动机

润滑剂

飞轮兼启动齿轮

油底壳

柴油机的出现要比汽油机晚些。1893年，德国人狄塞尔在其论文《转动式热机原理和结构》中，首次论述了柴油发动机原理。1894年，狄塞尔展出他的第一台商品型柴油发动机。而第一辆柴油发动机汽车直到1898年才由英国人制成。

进入20世纪以后，汽车不再仅是欧洲人的天下了，特别是亨利·福特在1908年10月开始出售著名的"T"型车时，这种车产量增长惊人，短短19年，就生产了1500万辆。此间的1913年福特汽车公司还首次推出了流水装配线的大量作业方式，使汽车成本大跌，汽车价格低廉，不再仅仅是贵族和有钱人的豪华奢侈品了，它开始逐渐成为大众化的商品。至此美国汽车便成为世界宠儿，福特公司也因此成为名符其实的汽车王国。所以，人们说，汽车发明于欧洲，但获得大发展却是在本世纪初30年代的美国。福特采用流水作业生产汽车，在汽车发展史上树起了第三块里程碑。

短短几年时间，汽车已经从一种实验性的发明转变为关联产业最广、工业技术波及效果最大的综合性工业。因此，汽车工业的发展不仅依赖于汽车行业本身的技术进步，而且也取决于汽车工业应用这些技术的投资能力和世界汽车市场的投放容量，两者相互影响并受到整

个经济形势的发展，及人们对环境要求和能源及原材料供应、意外变化及国家政策等影响。例如第一次世界大战表明了汽车运输的机动性，而且还培训了不少驾驶军用卡车的驾驶员，他们中的很多人还学习到了一些汽车机械技术，于是战后汽车买卖兴隆，在美国，汽车制造商和附件的供应商全负荷生产仍不能满足需求的迅猛增长，汽车价格几倍于战前，但时隔不久由于经济萧条汽车高需求即宣告结束。到了第二次世界大战后，在英国，汽车的需要量比第一次世界大战后更高，几乎生产多少就可售出多少。大战中的美国发了横财，战后的美国工业越发兴旺，汽车生产在世界上始终处于遥遥领先的地位。汽车、钢铁、建筑这三大工业曾被誉为"三大支柱"，而汽车工业更是美国工业骄傲的象征。长期以来，他们一直以研究豪华小汽车为主。但当1973年首次发生石油危机时，美国汽车工业便受到很大的冲击，而日本似乎对此早有察觉，他们大量研制生产的是小型节油汽车，结果终于在1980年取而代之把美国赶下了"汽车王国"的宝座。

日本真可谓"后起之秀"，进入20世纪，日本才出现第一部汽车，几年后日本人才开始研制汽车。但谁又能料到1925年才第一次出口汽车的日本，60年后竟然出口汽车达6400万辆，登上了汽车王国的宝座。这件事引起了全世界的广泛关注，成为汽车发展史上一个特大新闻。

汽车之最 〉

汽车速度之最——1997年，英国驾驶员安迪·林格驾驶的"冲刺"汽车跑出了每小时1227.73公里的速度，创造了最新的汽车行驶的世界纪录，由于其速度超出当时环境下声速的2%，成为世界上第一辆"超音速"汽车。

世界最长的轿车——美国制造的一辆长达18.28米的轿车，装有14只车轮，车内有2台彩电、一部录像机、4部电话、一个小酒吧，并放置了冰箱和一个保险柜。巨大的车顶可供直升飞机起飞和降落。

世界上第一条汽车装配线——1913年美国的福特公司在底特律建成世界上第一条汽车自动流水装配线，首次实现汽车的批量生产，将当时著名的T型车的组装时间从12.5小时缩短到1.5小时。

世界上第一条汽车装配线

世界上第一辆流线型车——1934年克莱斯勒公司造出的"气流牌"汽车是世界上第一辆流线型车，是汽车造型史上的重要创举。

世界上最贵的轿车——劳斯莱斯公司1907年生产的"银魅"被认为是世界上最昂贵（估计价值2000万英镑）、最著名的车。曾是英国女王"坐骑"，也是著名影星的爱车。1925年该车停止生产。现在，世界上最豪华的轿车"鬼怪VI"是取代"银魅"的劳斯莱斯的极品车。大部分零件不仅用手工打制，而且还打上诸多工匠的名字，比如其车身就打有劳斯莱斯著名车身工匠姆利纳·帕克·沃德的名字。

世界上最特殊的车——法拉利400I是世界上最特殊的跑车，是一位沙特王子为了让自己在欧洲时能驾驶一辆与众不同的超级跑车而请著名的汽车设计大师米凯洛蒂专门设计的。水滴型车身，纤细的风窗支柱，装有排量为4.823升的V12发动机，极速每小时245公里，功率可达315马力。该车设计出来仅生产了一辆。

世界上最特殊的车——法拉利400I

世界上最重的轿车——自1924年以来美国历届总统用的都是林肯牌轿车。美国前总统布什的林肯车是1989型，深蓝色6人座，长17.7米，排量7.5升的防弹车，是目前有资料可查的总统座驾重量之最。

世界上最重的轿车

发动机的分类 〉

说起汽车的分类，可不是一个简单的问题。按照不同的标准，可以分为不同的类型。

- 一、按用途分类

- 普通运输汽车

（1）轿车：用于载送人员（2-9人）及其随身物品且座位布置在两轴之间的车辆按照发动机排量划分：有微型轿车（1升以下）、轻级轿车（1－1.6升）、中级轿车（1.6－2.5升）、中高级轿车（2.5－4升）、高级轿车（4升以上）。

（2）客车：具有长方形车厢，主要用于载送人员（9人以上）及其随身行李物品的汽车，按照长度划分：有微型客车（不超过3.5米）、小型客车（3.5－7米）、中型客车（7－10米）和大型客车（10米以上）。

（3）货车：主要用于运送货物的车辆。按照载重量划分：有微型货车（1.8吨以下）、轻型货车（1.8－6吨）、中型货车（6－14吨）、重型货车（14吨以上）。

现行国标 GB/T3730.1-2001 将汽车分为乘用车和商用车两类。

乘用车（不超过 9 座）分为普通乘用车、活顶乘用车、高级乘用车、小型乘用车、敞篷车、仓背乘用车、旅行车、多用途乘用车、短头乘用车、越野乘用车、专用乘用车等 11 类。

商用车分为客车、货车和半挂牵引车 3 类。客车细分为小型客车、城市客车、长途客车、旅游客车、铰接客车、无轨客车、越野客车、专用客车。货车细分为普通货车、多用途货车、全挂牵引车、越野货车、专用作业车、专用货车。新标准废

除"轿车"的名称而改称"乘用车"，被认为是对传统观念的变革，它将改变传统观念将轿车视为奢侈品的思想，回复到主要是一种代步工具的概念。

• 专用汽车

（1）作业型专用汽车：是指在汽车上安装各种特殊设备进行特定作业的汽车，包括救护车、消防车、环卫车、电视广播车、机场作业车、市政建设工程作业车等。

（2）运输型专用汽车：是指车身经过改装，用来运输专门货物的汽车，包括垃圾运输车、冷藏车厢货车、运输沙土的自卸汽车、混凝土运输车、罐车，此外还有挂车、半挂车、集装箱货车等。

• 特殊用途汽车

（1）竞赛汽车

（2）娱乐汽车：高尔夫球场专用车、海滩游乐汽车等

二、按动力装置类型

内燃机汽车

（1）活塞式内燃机汽车

（2）燃气轮机汽车

电动汽车

（1）蓄电池式

（2）燃料电池式

（3）复合式

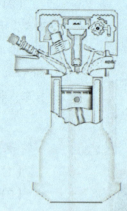

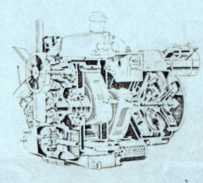

往复活塞式　　　　　转子活塞式

按活塞运动方式的不同，活塞式内燃机可分为往复活塞式和转子活塞式两种。

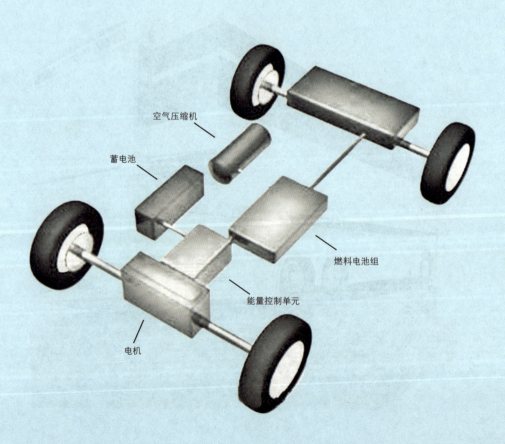

空气压缩机

蓄电池

燃料电池组

能量控制单元

电机

- 三、按行驶道路条件

- 公路用汽车
- 非公路用汽车
  - （1）越野汽车
  - （2）矿山、机场、工地等用汽车

- 四、按行驶机构

- 轮式汽车
- 其他：履带式、雪橇式、气垫式、步行式等

● 汽车的心脏——发动机

发动机是汽车的心脏，为汽车的行走提供动力，与汽车的动力性、经济性、环保性息息相关。简单地讲，发动机就是一个能量转换机构，即将汽油(柴油)的热能，通过在密封汽缸内燃烧气体膨胀时，推动活塞作功，转变为机械能，这是发动机最基本的原理。发动机所有结构都是为能量转换服务的，虽然发动机伴随着汽车走过了100多年的历史，无论是在设计上、制造上、工艺上还是在性能上、控制上都有很大的提高，其基本原理

仍然未变，这是一个富于创造的时代，那些发动机设计者们，不断地将最新科技与发动机融为一体，把发动机变成一个复杂的机电一体化产品，使发动机性能更加完善，各世界著名汽车厂商也将发动机的性能作为竞争亮点，那么什么是发动机性能呢?

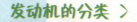

发动机的分类 〉

　　现代高科技在发动机上得到完美的体现，一些新技术、新结构广泛应用在发动机上。如V12、V8、V6发动机：它们均指汽缸排列呈V形，这种发动机充分利用动力学原理，具有良好的平稳性，增大发动机排量，降低发动机高度。如：AudiA860使用W12-12缸V形排列发动机，BENZS600使用V12-12缸IV形排列发动机等。

　　一般情况下，按照排量大小的不同发动机分为三缸、四缸、六缸、八缸几种类型。目前1.3L—2.3L排量的车大多采用直列四缸发动机，其特点是体积小、结构简单、维修方便；2.5L以上的排量一般采用多缸设计，其中有直列六缸，如宝马；也有呈一定角度分两边排列的V形六缸发动机，可有效降低震动和噪音，如别克车系；一般来说排量越大，发动机的功率就越高。但现在也有些小排量的车通过涡轮增压、多气门、可变正时器等技术来提高功率。

发动机的性能 〉

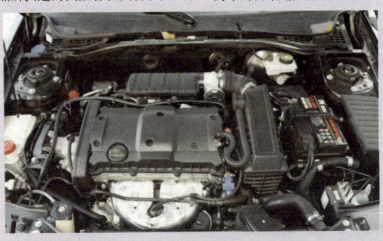

发动机性能参数是最能体现发动机工作能力的参数，主要包括：排量、最大功率、最大扭矩。

关于排量：排量往往与发动机功率联系在一起，排量的大小影响着发动机功率的高低，通常也把它作为划分高、中、低档车的标准。什么是排量呢？大家都清楚，活塞在汽缸内做往复上下运动，这样往复运动必然有一个最高点和最低点，活塞从最低点到最高点所扫过的汽缸容积，称为单缸排量，所有汽缸排量总和称为发动机排量，很显然3.0的排量对你来说应该心满意足了。

关于最大功率与最大扭矩：这往往是大家最容易混淆的两个概念，有人认为车的功率越大，力就越大，其实不然。

同样300马力，在跑车上可以让车跑到250公里／小时以上的速度，但在一部货柜车上，可能最多只有150公里／小时的速度，但它能拖动30—40吨重的货柜。这里面的奥秘就在于两部车的扭矩有很大的不同，简单来说，功率表现在高转速，在发动机性能曲线图上，随着转速上升而明显上升，它决定了车子能跑多快，扭矩不一定在高转速时发挥，在曲线图上较为平直，它可以决定车行驶时的力量，包括加速性。

在解读发动机参数时，需要注意的是，不要单看功率有多大，同时也要看到扭力参数，并注意当发动机处于最大功率、最大扭矩时的转速，当然以转速值稍低为好。

汽车的魅力都在它的动感，而动感的灵魂却在发动机，发动机发展到今天，已经非常完善，很难想象失去发动机的日子，汽车会是什么样子。

汽油发动机vs柴油发动机 ❯

发动机其实还有一个分类，即汽油发动机和柴油发动机。

汽油发动机是以汽油作为燃料的发动机。由于汽油黏性小，蒸发快，可以用汽油喷射系统将汽油喷入汽缸，经过压缩达到一定的温度和压力后，用火花塞点燃，使气体膨胀做功。汽油机的特点是转速高，结构简单，质量轻，造价低廉，运转平稳。

柴油发动机是通过燃烧柴油来获取能量释放的发动机。它是由德国发明家鲁道夫·狄塞尔于1892年发明的。柴油发动机的工作过程与汽油发动机有许多相同的地方，每个工作循环也经历进气、压缩、做功、排气四个行程。但由于柴油机用的燃料是柴油，其黏度比汽油大，不易蒸发，而其自燃温度却较汽油低，因此可燃混合气的形成及点火方式都与汽油机不同。不同之处主要是，柴油发动机汽缸中的混合气是压燃的，而不是点燃的。

与汽油发动机相比，柴油机具有燃油经济性好、尾气中氮氧化合物较低、低速大扭矩等特点，因其出色的环保特性而被欧系车推崇，而相比于汽油发动机，在平顺性、噪声等方面，存在差异。

❯ 汽油标号

标准汽油是由异辛烷和正庚烷组成。异辛烷的抗爆性好，其辛烷值定为100；正庚烷的抗爆性差，在汽油机上容易发生爆震，其辛烷值定为0。如果汽油的标号为90，则表示该标号的汽油与含异辛烷90%、正庚烷10%的标准汽油具有相同的抗爆性。以90号汽油为例，可以保证其在压缩比不大于9的发动机上使用不产生爆燃现象，而97号汽油就可以保证在压缩比不大于9.7的发动机上使用不产生爆燃现象。

汽车底盘 >

汽车底盘的作用是支承、安装汽车发动机及其各部件、总成，形成汽车的整体造型，并接受发动机的动力，使汽车产生运动，保证正常行驶。底盘由传动系、行驶系、转向系和制动系四部分组成。

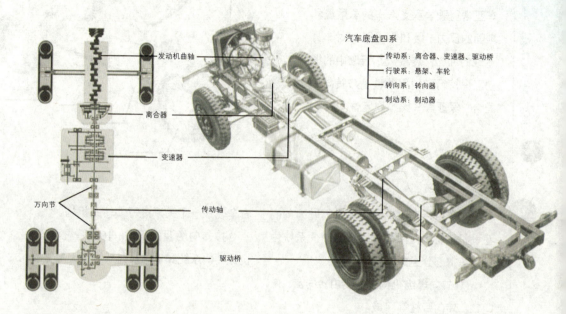

发动机曲轴

离合器

变速器

万向节

传动轴

驱动桥

汽车底盘四系
传动系：离合器、变速器、驱动桥
行驶系：悬架、车轮
转向系：转向器
制动系：制动器

• 传动系

传动系一般由离合器、变速器、万向传动装置、主减速器、差速器和半轴等组成。汽车发动机所发出的动力靠传动系传递到驱动车轮。传动系具有减速、变速、倒车、中断动力、轮间差速和轴间差速等功能，与发动机配合工作，能保证汽车在各种工况条件下的正常行驶并具有良好的动力性和经济性。传动系可按能量传递方式的不同，划分为机械传动、液力传动、液压传动、电传动等。

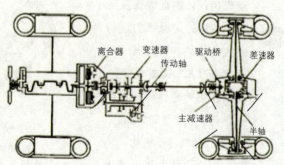

离合器　变速器　驱动桥　差速器
传动轴
主减速器　半轴

• 行驶系

汽车的车架、车桥、车轮和悬架等组成了行驶系，行驶系的功用是：接受传动系的动力，通过驱动轮与路面的作用产生牵引力，使汽车正常行驶；承受汽车的总重量和地面的反力；缓和不平路面对车身造成的冲击，衰减汽车行驶中的振动，保持行驶的平顺性；与转向系配合，保证汽车操纵稳定性。

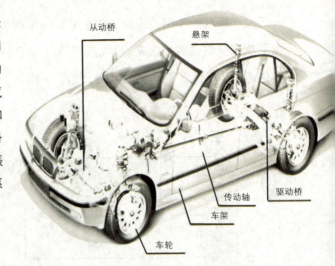

• 转向系

汽车上用来改变或恢复其行驶方向的专设机构称为汽车转向系统。转向系统由三个基本部分组成：

(1) 转向操纵机构。主要由转向盘、转向轴、转向管柱等组成。

(2) 转向器。将转向盘的转动变为转向摇臂的摆动或齿条轴的直线往复运动，并对转向操纵力进行放大的机构。转向器一般固定在汽车车架或车身上，转向操纵力通过转向器后一般还会改变传动方向。

(3) 转向传动机构。将转向器输出的力和运动传给车轮（转向节），并使左右车轮按一定关系进行偏转的机构。

按转向能源的不同，转向系统可分为机械转向系统和动力转向系统两大类。

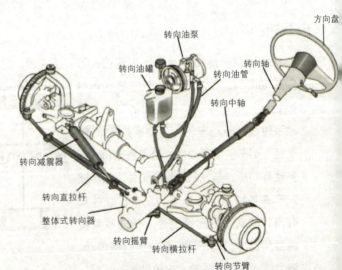

• 制动系

汽车上用来使外界（主要是路面）在汽车某些部分（主要是车轮）施加一定的力，从而对其进行一定程度的强制制动的一系列专门装置统称为制动系统。其作用是：使行驶中的汽车按照驾驶员的要求进行强制减速甚至停车；使已停驶的汽车在各种道路条件下（包括在坡道上）稳定驻车；使下坡行驶的汽车速度保持稳定。

对汽车起制动作用的只能是作用在汽车上且方向与汽车行驶方向相反的外力，而这些外力的大小都是随机的、不可控制的，因此汽车上必须装设一系列专门装置以实现上述功能。

按制动系统的作用分类的话，制动系统可分为行车制动系统、驻车制动系统、应急制动系统及辅助制动系统等。用以使行驶中的汽车降低速度甚至停车的制动系统称为行车制动系统；用以使已停驶的汽车驻留原地不动的制动系统则称为驻车制动系统；在行车制动系统失效的情况下，保证汽车仍能实现减速或停车的制动系统称为应急制动系统；在行车过程中，辅助行车制动系统降低车速或保持车速稳定，但不能将车辆紧急制停的制动系统称为辅助制动系统。上述各制动系统中，行车制动系统和驻车制动系统是每一辆汽车都必须具备的。

按制动操纵能源分类的话，制动系统可分为人力制动系统、动力制动系统和伺服制动系统等。以驾驶员的肌体作为惟一制动能源的制动系统称为人力制动系统；完全靠由发动机的动力转化而成的气压或液压形式的势能进行制动的系统称为动力制动系统；兼用人力和发动机动力进行制动的制动系统称为伺服制动系统或助力制动系统。

按制动能量的传输方式分类的话，制动系统可分为机械式、液压式、气压式、电磁式等。同时采用两种以上传能方式的制动系称为组合式制动系统。

汽车轮胎 ＞

千里之行, 始于足下, 作为汽车行驶的四只脚, 汽车轮胎的重要性不言而喻。在汽车高速行驶的过程中, 轮胎故障是所有驾驶者最为担心和最难预防的, 也是突发性交通事故发生的重要原因。轮胎是汽车行驶系统的重要部件, 就像我们穿的鞋, 除了根据使用功能来正确选择外(可别穿着正装皮鞋去打网球、穿着运动鞋跳国标舞哦), 还要懂得如何去护理。下面就让我们一起来探寻轮胎的奥秘吧!

作为汽车行驶系中的重要部件, 汽车轮胎的功用是: 支承整车; 缓和由路面

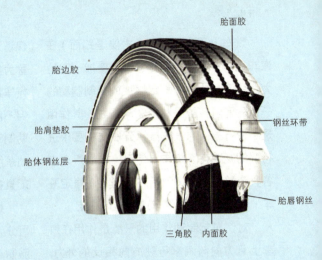

胎面胶
胎边胶
钢丝环带
胎肩垫胶
胎体钢丝层
胎唇钢丝
三角胶　内面胶

传来的冲击力; 通过轮胎同路面间存在的附着作用来产生驱动力和制动力, 汽车转弯行驶时产生平衡离心力的侧抗力, 在保证汽车正常转向行驶的同时, 通过车轮产生的自动回正力矩, 使汽车保持直线行驶方向; 承担越障提高通过性的作用等。

轮胎常见的分类方式是按照结构划分为斜交线轮胎、子午线轮胎。子午线胎与斜交线胎的根本区别在于胎体。斜交线胎的胎体是斜线交叉的帘布层; 而子午线胎的胎体是聚合物多层交叉材质, 其顶层是数层由钢丝编成的钢带

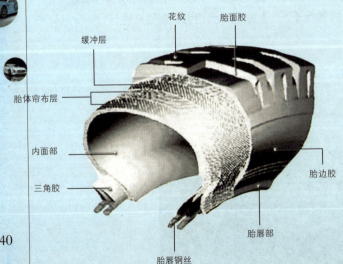

花纹
胎面胶
缓冲层
胎体帘布层
内面部
三角胶
胎边胶
胎唇部
胎唇钢丝

帘布,可减少轮胎被异物刺破的几率。

从设计上讲,斜交线轮胎有很多局限性,如由于交叉的帘线强烈摩擦,使胎体易生热,因此加速了胎纹的磨损,且其帘线布局也不能很好地提供优良的操控性和舒适性;而子午线轮胎中的钢丝带则具有较好的柔韧性以适应路面的不规则冲击,经久耐用,它的帘布结构还意味着在汽车行驶中有比斜交线小得多的摩擦,从而获得了较长的胎纹使用寿命和较好的燃油经济性。同时子午线轮胎本身具有的特点使轮胎无内胎成为可能。无内胎轮胎有一个公认优点,即当轮胎被扎破后,不像有内胎的斜交线轮胎那样爆裂(这是非常危险的),而是使轮胎能在一段时间内保持气压,提高了汽车的行驶安全性。另外,和斜交线轮胎比,子午线轮胎还有更好的抓地性。

汽车车身 ＞

汽车车身的作用主要是保护驾驶员以及构成良好的空气力学环境。好的车身不仅能带来更佳的性能,也能体现出车主的个性。汽车车身结构从形式上说,主要分为非承载式和承载式两种。

非承载式车身的汽车有刚性车架,又称底盘大梁架。车身本体悬置于车架上,用弹性元件连接。车架的振动通过弹性元件传到车身上,大部分振动被减弱或消除,发生碰撞时车架能吸收大部分

冲击力，在颠簸路面行驶时对车身起到保护作用，因此车厢变形小，平稳性和安全性好，而且厢内噪音低。但这种非承载式车身比较笨重，质量大，汽车质心高，高速行驶稳定性较差。

承载式车身的汽车没有刚性车架，只是加强了车头、侧围、车尾、底板等部位，车身和底架共同组成了车身本体的刚性空间结构。这种承载式车身除了其固有的乘载功能外，还要直接承受各种负荷。这种形式的车身具有较大的抗弯曲和抗扭转的刚度，质量小，高度低，汽车质心低，装配简单，高速行驶稳定性较好。但由于道路负载会通过悬架装置直接传给车身本体，因此噪音和振动较大。

还有一种介于非承载式车身和承载式车身之间的车身结构，它的车身本体与底架用焊接或螺栓刚性连接，加强了部分车身底架而起到一部分车架的作用，例如发动机和悬架都安装在加固的车身底架上，车身与底架成为一体共同承受载荷。这种形式实质上是一种无车架的承载式车身结构。因此，通常人们只将汽车车身结构划分为非承载式车身和承载式车身。

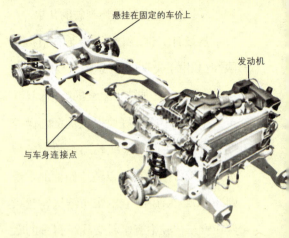

悬挂在固定的车价上

发动机

与车身连接点

车架在底部，而车身是安装在车架上。
那么车身的底板无论如何也要在车架之上。
整辆车看上去非常高大，可是坐进去没想象中那么大，
因为底板也很高。

车身覆盖件

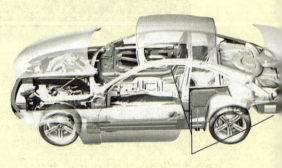

车身结构件

车身的主要构成 >

　　发动机盖(又称发动机罩)是最醒目的车身构件，是买车者经常要察看的部件之一。对发动机盖的主要要求是隔热隔音、自身质量轻、刚性强。

　　发动机盖在结构上一般由外板和内板组成，中间夹以隔热材料，内板起到增强刚性

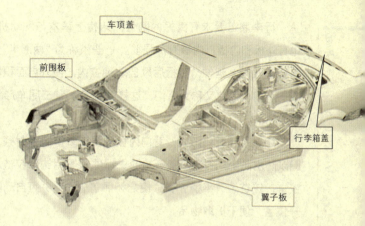

的作用，其几何形状由厂家选取，基本上是骨架形式。发动机盖开启时一般是向后翻转，也有小部分是向前翻转。

　　向后翻转的发动机盖打开至预定角度，不应与前风挡玻璃接触，应有一个约为10毫米的最小间距。为防止在行驶中由于振动自行开启，发动机盖前端要有保险锁钩锁止装置，锁止装置开关设置在车厢仪表板下面，当车门锁住时发动机盖也应同时锁住。

• 车顶盖

　　车顶盖是车厢顶部的盖板。对于轿车车身的总体刚度而言，顶盖不是很重要的部件，这也是允许在车顶盖上开设天窗的理由。从设计角度来讲，重要的是它如何与前、后窗框及与支柱交界点平顺过渡，以求得最好的视觉感和最小的空气阻力。当然，为了安全车顶盖还应有一定的强度和刚度，一般在顶盖下增加一定数量的加强梁，顶盖内层敷设绝热衬垫材料，以阻止外界温度的传导及减少振动时噪声的传递。

• 行李厢盖

　　行李厢盖要求有良好的刚性，结构上基本与发动机盖相同，也有外板和内板，内板有加强筋。一些被称为"两厢半"的轿车，其行李厢向上延伸，包括后风挡玻璃在内，使开启面积增加，形成一个门，因此又称为背门，这样既保持一种三厢车形状又方便存放物品。

　　如果采用背门形式，背门内板侧要嵌装橡胶密封条，围绕一圈以防水防尘。行李箱盖开启的支撑件一般用钩形铰链及四连杆铰链，铰链装有平衡弹簧，使启闭厢盖省力，并可自动固定在打开位置，便于提取物品。

• 翼子板

　　翼子板是遮盖车轮的车身外板，因旧式车身该部件形状及位置似鸟翼而得名。按照安装位置又分为前翼子板和后翼子板，前翼子板安装在前轮处，因此必须要保证前轮转动及跳动时的最大极限空间，因此设计者会根据选定的轮胎型号尺寸用"车轮跳动图"来验证翼子板的设计尺寸。

　　后翼子板无车轮转动碰擦的问题，但出于空气动力学的考虑，后翼子板略显拱形弧线向外凸出。现在有些轿车翼子板已与车身成为一个整体，一气呵成。但也有轿车的翼子板是独立的，尤其是前翼子板，因为前翼子板碰撞机会比较多，独立装配容易整件更换。有些车的前翼子板用有一定弹性的塑性材料（例如塑料）做成。因为塑性材料具有缓冲性，比较安全。

• 前围板

　　前围板是指发动机舱与车厢之间的隔板，它和地板、前立柱连接，安装在前围上盖板之下。前围板上有许多孔口，作为操纵用的拉线、拉杆、管路和电线束通过之用，还要配合踏板、方向机柱等机件安装位置。

　　为防止发动机舱里的废气、高温、噪声窜入车厢，前围板上要有密封措施和隔热装置。在发生意外事故时，它应具有足够的强度和刚度。对比车身其他部件而言，前围板装配最重要的工艺技术是密封和隔热，它的优劣往往反映了车辆的质量。

汽车电气设备 〉

汽车中包括电源、点火、启动、信号照明、仪表和辅助电气装置等构成的电气系统。汽车电子化被认为是汽车技术发展进程中的一次革命,汽车电子化的程度被看作是衡量现代汽车水平的重要标志,是用来开发新车型、改进汽车性能最重要的技术措施。汽车制造商几乎无一例外都认为增加汽车电气设备的数量、促进汽车电子化是夺取未来汽车市场的重要手段。

据统计,从1989年至2000年,平均每辆车上电子装置在整个汽车制造成本中所占的比例由16%增至23%以上。一些豪华轿车上,使用单片微型计算机的数量已经达到48个,电子产品占到整车成本的50%以上,目前电子技术的应用几乎已经深入到汽车所有的系统。

按照对汽车行驶性能作用的影响划分,可以把汽车电子产品归纳为两类:一类是汽车电子控制装置,汽车电子控制装置要和车上机械系统进行配合使用,即所谓"机电结合"的汽车电子装置;它们包括发动机、底盘、车身电子控制。例如电子燃油喷射系统、制动防抱死控制、防滑控制、牵引力控制、电子控制悬架、电子控制自动变速器、电子动力转向等。另一类是车载汽车电子装置,车载汽车电子装置是在汽车环境下能够独立使用的电子装置,它和汽车本身的性能并无直接关系。它们包括汽车信息系统(行车电脑)、导航系统、汽车音响及电视娱乐系统、车载通信系统、上网设备等。

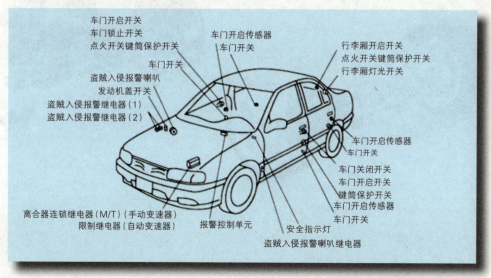

车门开启开关
车门锁止开关
点火开关键筒保护开关
车门开启传感器
车门开关
车门开关
行李厢开启开关
点火开关键筒保护开关
行李厢灯光开关
盗贼入侵报警喇叭
发动机盖开关
盗贼入侵报警继电器(1)
盗贼入侵报警继电器(2)
车门开启传感器
车门关闭开关
车门开启开关
键筒保护开关
车门开启传感器
车门开关
离合器连锁继电器(M/T)(手动变速器)
限制继电器(自动变速器)
报警控制单元
安全指示灯
盗贼入侵报警喇叭继电器

BIKAER BENCIHAIDONGCHE

汽车驱动方式 〉

　　汽车驱动方式是指发动机的布置方式以及驱动轮的数量、位置的形式。最基本的分类标准是按照驱动轮的数量,可分为两轮驱动和四轮驱动两大类。一般的车辆都有前、后两排轮子,其中直接由发动机驱动转动,从而推动(或拉动)汽车前进的轮子就是驱动轮。汽车驱动方式对整车的性能、外形及内部尺寸、重量、轴荷分配、制造成本及维修保养等方面均产生重要影响。科学合理地选择驱动形式是汽车总体设计的首要工作之一。

• 两轮驱动

在两轮驱动形式中，可根据发动机在车辆的位置以及驱动轮的位置进而细分为前置后驱 (FR)、前置前驱 (FF)、后置后驱 (RR)、中置后驱 (MR) 等形式。目前，两驱越野车和轿车最常用的是前置后驱形式。

前置后驱 (FR) 的全称叫作前置发动机后轮驱动，是一种比较传统的驱动形式。其中前排车轮负责转向，由后排车轮来承担整个车辆的驱动工作。在这种驱动形式中，发动机输出的动力全部输送到后驱动桥上，驱动后轮使汽车前进。也就是说，实际的行进中是后轮"推动"前轮，带动车辆前进。

与两轮驱动类的其他驱动形式相比，前置后驱有比较大的优越性。当车辆在良好的路面上启动、加速或爬坡时，驱动轮的附着压力增大，牵引性明显优于前驱形式。同时，采用前置后驱的车辆还具有良好的操纵稳定性和行驶平顺性，并有利于延长轮胎的使用寿命。除此之外，前置后驱的安排使车辆的发动机、离合器和变速器等总成临近驾驶室，简化了操纵机构的布置和转向机构的结构，这样更加便于车辆的保养和维修。基于以上的诸多优点，很多豪华轿车多采用前置后驱这种形式。

49

• 四轮驱动

不过，如果你买一辆越野车的动机是想要在真正的山野丛林中纵横驰骋的话，就一定要配置四轮驱动。因为，两轮驱动的车辆即使在良好的路面上，碰到雪地或易滑路面等情况也可能打滑，启动加速时也比较容易发生摆尾现象。四轮驱动就可以防止这种现象发生。同时，四轮驱动系统有比两轮驱动更优异的引擎驱动力应用效率，能达到更好的轮胎牵引力与转向力的有效发挥。就安全性来说，也可以形成更好的行车稳定性。

所谓四轮驱动，是指汽车前后轮都有动力，可按行驶路面状态不同而将发动机输出扭矩按不同比例分布在前后所有的轮子上，以提高汽车的行驶能力。一般用4X4或4WD来表示，如

果你看见一辆车上标有上述字样，那就表示该车辆拥有四轮驱动的功能。在过去，四轮驱动可是越野车独有的，近年来，一些高档轿车和豪华跑车逐渐添置了这项配置。

我们知道，汽车通过轮胎和路面的摩擦力前行。光滑路面上，轮胎和道路的摩擦小（牵引力不足），所以一般汽车在雪地等特别滑的路上行驶比较困难，但是四轮驱动方式的车在光滑路面也能轻松行驶。四轮驱动车的四个轮子都和路面摩擦，和

两轮驱动比平均每个驱动轮发出的力量比较小，这样车轮能将力传递到容易打滑的路面上，也就是说四轮驱动有牵引力强的特性。牵引力强，汽车发动和加速就比较容易，制动引擎减速时或者在拐角处踩油门时汽车也能够稳定行驶。

因此四轮驱动在路况不好或下了雪的路面等条件较恶劣的地方会大展身手，实际上，在条件不那么恶劣的一般道路上四轮驱动车也比两轮驱动车行驶稳定。

尤其是当引擎性能也比较好时，汽车能够向地面传递较大的能量，提高加速和驾驶性能。

发动机的搭载位置和驱动方式不仅影响到汽车的行驶性能和舒适度，还对生产和成本等方面有影响。因为每种模式都有各自的优点和缺点，无法笼统地说哪种模式最好。对于乘用车，前轮驱动模式总体比较优越，因此乘用车多采用前置引擎前轮驱动模式。

擅长奔跑的动物都是"后轮驱动"

马等擅长奔跑的动物在奔跑时都是后脚蹬地，前脚改变方向。对应到汽车，就是前置引擎后轮驱动方式，前置引擎后轮驱动实际上是很符合理论的一种方式。人们利用汽车不只是为了出行，还为了运送人和物，虽然前置引擎后轮驱动行驶性能突出，它还是不能满足人们所有的需求，因此不是所有的车都采用前置引擎后轮驱动方式。

安全气囊设备 〉

安全气囊，设置在车内前方（正副驾驶位）、侧方（车内前排和后排）和车顶三个方向。装有安全气囊系统的容器外部都印有SRS的字样，即"辅助可充气约束系统"（Supplemental Inflatable Restraint System）的英文简称。安全气囊的设置旨在减轻乘员的受伤害程度，当发生碰撞事故时，避免乘员发生二次碰撞，或车辆发生翻滚等危险情况下被抛离座位。

安全气囊是汽车上一个辅助保护设备，它由带橡胶衬里的特种织物尼龙制成，工作时用无害的氮气填充。在发生碰撞时，安全气囊充气大约需要0.03秒。非常快的充气速度以确保当乘客的身体被安全带束缚不动，安全气囊能及时到位。当头部碰到安全气囊时，安全气囊通过气囊表面的气孔开始排气。气体的排出有一定的速率，确保让人的身体部位缓慢地减速。由于安全气囊弹开充气的速度可高达320公里/小时，碰撞时如果人的乘坐姿势不正确，将给人带来严重的伤害。

汽车安全气囊工作原理 〉

　　为了说明安全气囊的基本原理，这里首先说明汽车发生事故时造成乘员伤亡的原因。当汽车发生碰撞事故时，汽车和障碍物之间的碰撞称为一次碰撞，一次碰撞的结果导致汽车速度急剧下降，速度从35km/h降到零的时间约150ms左右；乘员和汽车内部结构之间的碰撞称之为二次碰撞，由于惯性的作用，当汽车急剧降速时，乘员要保持原来的速度向前运动，于是就发生了乘员和方向盘、仪表板、风挡玻璃等之间的碰撞，从而造成了乘员的伤亡。汽车安全气囊的基本思想是，在发生一次碰撞后二次碰撞前，迅速在乘员和汽车内部结构之间打开一个充满气体的袋子，使乘员扑在气袋上，避免或减缓二次碰撞，从而达到保护乘员

的目的。由于乘员和气袋相碰时，震荡会造成乘员伤害，所以一般在气囊的背面开两个直径25mm左右的圆孔。这样，当乘员和气囊相碰时，借助圆孔的放气可减轻震荡，放气过程的同时也是一个释放能量的过程，因此可以很快地吸收乘员的动能，有助于保护乘员。

　　安全气囊一般由传感器、电控单元、气体发生器、气囊、续流器等组成，通常气体发生器和气囊等组成气囊模块。传感器感受汽车碰撞强度，并将感受到的信号传送到控制器，控制器接收传感器的信号并进行处理，当它判断有必要打开气囊时，立即发出点火信号以触发气体发生器，气体发生器接收到点火信号后，迅速点火并产生大量气体给气囊充气。

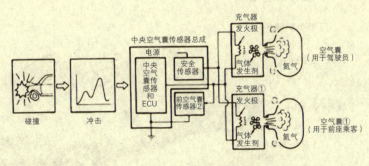

①仅限有前座乘客空气囊的型号
②仅限某些型号

BIKAER BENCIHAIDONGCHE

安全气囊最重要的指标是可靠性，如果不该点火而点火打开气囊称为误点火，如果应该点火而没有点火称之为漏点火，如果点火太晚则称之为迟点火，无论是误点火、漏点火还是迟点火都是不允许的。为了提高安全气囊系统的可靠性，防止电源线在碰撞中断线、电池遭到破坏，系统中备有储能电容或电池，以保证即使断电也能够开气囊。为了监测传感器、电子电路、气体发生器，系统一般还有故障诊断模块，并设有信号灯予以显示。汽车安全气囊系统一般有左右挡板传感器各一个，还有一个传感器放在含有诊断模块的控制器中，气囊有司机席正面碰撞气囊和乘客席正面碰撞气囊，另外还有警告灯。当发生前面碰撞时，两个挡板传感器中只要有一个闭合，诊断模块就会根据送来的信号进行处理和判断，认为有必要点火后时即发出点火信号使气囊充气。

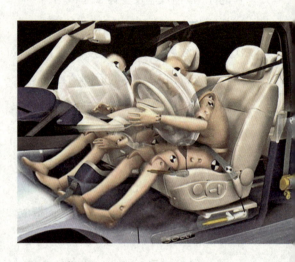

前排乘员安全气囊模块

驾驶员安全气囊模块

转向盘组件

幕帘安全气囊模块

前排（左/右侧）
座椅安全气囊模块

安全气囊电子控制单元

侧碰撞传感器

雨刷器的发明 >

从1927年5月电动雨刷被发明至今，不管是豪华轿车，还是笨重载货车，或是简陋汽车，风挡玻璃上的雨刷都是一个不起眼的部件，很容易被人们忽视。下雨的时候，打开开关，雨刷自动左右摆动，刮掉玻璃上的雨水。雨停了，关上开关，雨刷就变成了多余的部件。只有在需要时发现雨刷器出了机械故障，驾驶员才会意识到风挡玻璃上的"扫帚"是多么不可替代。

雨刷自问世以来基本上没有改变模样。今天的汽车电动雨刷器同当年发明出来时大致一样。据说，雨刷器最终样式的发明权属于博世公司的专家。他们研制出了这个小巧、便宜和耐用的电动装置。

其实，在雨天帮助驾驶员擦玻璃的装置在此之前很早就出现了。1903年11月10日发明的雨刷器是靠手动完成，也就是说，驾驶员一边驾车行驶，一边转动雨刷擦玻璃。当时这项发明的发明者是位女性。1902年，玛丽·安德森看到驾驶员在下雨天为了看清道路，不得不开着窗户，于是萌生了发明雨刷的想法。1903年，她获得了第743801号的手动雨刷器发明的专利，这也是她一生中唯一的发明。尽管这一发明极具实用性，可在雨刷器广受欢迎之前好几年无人问津。借助于气压装置运行的这种手动加机械"自动"雨刷出现在1910年左右，随后才开始实际安装在汽车上。

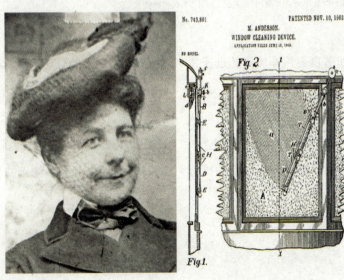

玛丽·安德森

55

由电力驱动的汽车雨刷器的发明人也是一名女性,名叫夏洛特·布里奇福德。她和女儿弗洛朗成立了"布里奇福德"公司,其中一项业务就是制造电动雨刷器。电动雨刷器于1917年获得专利,但公司并未从中盈利,因为没有人相信她们的想法。1923年,雨刷器才开始正式安装在汽车上,而雨刷器最后样式的发明权落入博世公司,并将1927年作为正式发明时间。

于1927年投放市场的奔驰Type-S车型,已经装配了相对简易的雨刷器

现在,随着世界汽车工业的迅速发展,雨刷器的重要性还在不断提高,并被赋予更广泛的用途。还有汽车制造商认识到,可以让雨刷来监督驾驶员的状态。为此,普通雨刷器被安装上专门的摄像头,跟踪驾驶员的眼球运动,如果驾驶员打瞌睡,就发出响亮的警告信号以避免交通事故。现代雨刷器诞生后,随着汽车发展的日新月异,其新纪元也开始了,"智能"雨刷器将给人们带来新的福音。

方向盘的诞生 〉

现代汽车都有一个转向自如、角度合适的方向盘，它的诞生和变迁演绎着一段鲜为人知的趣闻轶事。汽车发明人最初在蒸汽汽车上安置的方向盘是装在垂直的转向柱上，其缺陷是妨碍视线，不利于驾车者的操纵。在1887年秋季，德国戴姆勒汽车公司修理工人为一辆"菲顿"牌汽车进行大修。当吊车工人把修好的车身吊回装配之时，吊钩突然滑出，车身跌落在转向柱上，结果使转向柱从垂直位置上弯曲了好几度。一名修理工人试图把弯曲了的转向柱矫正过来，却意外地发现新的角度使方向盘不再操纵困难和妨碍视线了。戴姆勒对修理工人的意外发现给予奖励，并抽调研

究人员立即改进方向盘的装配工艺。到了1890年，戴姆勒汽车公司生产的"派立生"汽车就第一次装上了倾斜式的转向柱和倾斜式的方向盘。各国汽车公司纷纷效仿，使方向盘趋于定型，日臻完善。

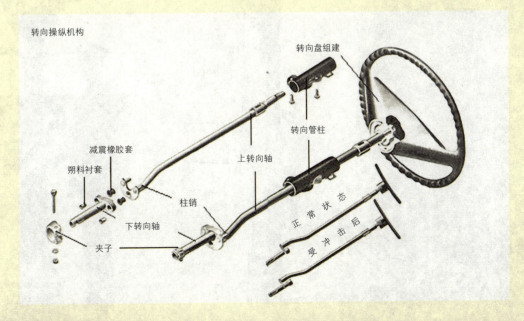

转向操纵机构

转向盘组建

转向管柱

上转向轴

减震橡胶套

朔料衬套

柱销

下转向轴

夹子

正常状态

受冲击后

红绿灯的出现 〉

19世纪初，在英国中部的约克城，红、绿装分别代表女性的不同身份。其中，着红装的女人表示已结婚，而着绿装的女人则是未婚者。后来，英国伦敦议会大厦前经常发生马车轧人的事故，人们受到红绿装启发，1868年12月10日，信号灯家族的第一个成员就在伦敦议会大厦的广场上诞生了，由当时英国机械师德·哈特设计、制造的灯柱高7m，身上挂着一盏红、绿两色的提灯——煤气交通信号灯。这是城市街道的第一盏信号灯。在灯的脚下，一名手持长杆的警察随心所欲地牵动皮带转换提灯的颜色。后来在信号灯的中心装上煤气灯罩，它的前面有两块红、绿玻璃交替遮挡。不幸的是只面世23天的煤气灯突然爆炸自灭，使一位正在值勤的警察也因此断送了性命。从此，城市的交通信号灯被取缔了。直到1914年，在美国的克利夫兰市才率先恢复了红、绿灯，不过，这时已是"电气信号灯"。稍后又在纽约和芝加哥等城市，相继出现了交通信号灯。

随着各种交通工具的发展和交通指挥的需要，第一盏名副其实的三色灯

（红、黄、绿三种标志）于1918年诞生。它是三色圆形四面投影器，被安装在纽约市五号街的一座高塔上，它的诞生，使城市交通大为改善。

黄色信号灯的发明者是我国的胡汝鼎，他怀着"科学救国"的抱负到美国深造，在大发明家爱迪生为董事长的美国通用电器公司任职员。一天，他站在繁华的十字路口等待绿灯信号，当他看到红灯而正要过去时，一辆转弯的汽车呼地一声擦身而过，吓了他一身冷汗。回到宿舍，他反复琢磨，终于想到在红、绿灯中间再加上一个黄色信号灯，提醒人们注意危险（而之前信号灯中的黄色并非"警示"之意）。他的建议立即得到有关方面的肯定。于是红、黄、绿三色信号灯即以一个完整的指挥信号家族，遍及全世界

陆、海、空交通领域了。

中国最早的马路红绿灯，于1928年出现在上海的英租界。

从最早的手牵皮带到20世纪50年代的电气自动化控制，从采用计算机控制到现代化的电子定时监控，交通信号灯在科学化、自动化上不断地更新、发展和完善。

● 新能源汽车

新能源又称非常规能源，是指传统能源之外的各种能源形式，特指刚开始开发利用或正在积极研究、有待推广的能源，如太阳能、地热能、风能、海洋能、生物质能和核聚变能等。 新能源汽车是指除汽油、柴油发动机之外所有其他能源汽车，包括燃料电池汽车、混合动力汽车、氢能源动力汽车和太阳能汽车等。其废气排放量比较低。据不完全统计，全世界现有超过400万辆液化石油气汽车，100多万辆天然气汽车。

混合动力汽车 〉

混合动力是指那些采用传统燃料的，同时配以电动机或发动机来改善低速动力输出和燃油消耗的车型。按照燃料种类的不同，主要又可以分为汽油混合动力和柴油混合动力两种。

优点：1·采用混合动力后可按平均需用的功率来确定内燃机的最大功率，此时处于油耗低、污染少的最优工况下工作。需要大功率内燃机功率不足时，由电池来补充；负荷少时，富余的功率可发电给电池充电，由于内燃机可持续工作，电池又可以不断地得到充电，故其行程和普通汽车一样。

2·因为有了电池，可以十分方便地回收制动时、下坡时、怠速时的能量。

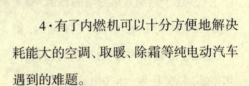

3·在繁华市区，可关停内燃机，由电池单独驱动，实现"零"排放。

4·有了内燃机可以十分方便地解决耗能大的空调、取暖、除霜等纯电动汽车遇到的难题。

5·可以利用现有的加油站加油，不必再投资。

6·可让电池保持在良好的工作状态，不发生过充、过放，延长其使用寿命，降低成本。

缺点：长距离高速行驶基本不能省油。

纯电动汽车 >

电动汽车顾名思义就是主要采用电力驱动的汽车，大部分车辆直接采用电机驱动，有一部分车辆把电动机装在发动机舱内，也有一部分直接以车轮作为四台电动机的转子，其难点在于电力储存技术。本身不排放污染大气的有害气体，即使按所耗电量换算为发电厂的排放，除硫和微粒外，其他污染物也显著减少。电厂大多建于远离人口密集的城市，对人类伤害较少，而且电厂是固定不动的，集中的排放，清除各种有害排放物较容易，也已有了相关技术。由于电力可以从多种一次能源获得，如煤、核能、水力、风力、光、热等，解除人们对石油资源日渐枯竭的担心。电动汽车还可以充分利用晚间用电低谷时富余的电力充电，使发电设备日夜都能充分利用，大大提高其经济效益。

优点：技术相对简单成熟，只要有电力供应的地方都能够充电。

缺点：目前蓄电池单位重量储存的能量太少，还因电动车的电池较贵，又没形成经济规模，故购买价格较贵，至于使用成本，有些试用结果比汽车贵，有些结果仅为汽车的1/3，这主要取决于电池的寿命及当地的油、电价格。

燃料电池汽车 〉

燃料电池汽车是指以氢气、甲醇等为燃料,通过化学反应产生电流,依靠电机驱动的汽车。其电池的能量是通过氢气和氧气的化学作用,而不是经过燃烧,直接变成电能的。燃料电池的化学反应过程不会产生有害产物,因此燃料电池车辆是无污染汽车,燃料电池的能量转换效率比内燃机要高2-3倍,因此从能源的利用和环境保护方面考虑,燃料电池汽车是一种理想的车辆。

近几年来,燃料电池技术已经取得了重大的进展。目前,燃料电池轿车的样车正在进行试验,在北美的几个城市中有以燃料电池为动力的运输大客车的示范项目。

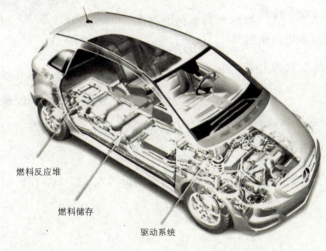

燃料反应堆

燃料储存

驱动系统

优点:

1.零排放或近似零排放。

2.减少了机油漏露带来的水污染。

3.降低了温室气体的排放。

4.提高了燃油经济性。

5.提高了发动机燃烧效率。

6.运行平稳、无噪声。

BIKAER BENCIHAIDONGCHE

氢动力汽车 〉

氢动力汽车是一种真正实现零排放的交通工具，排放出的是纯净水，具有无污染、零排放、储量丰富等优势，因此，氢动力汽车是传统汽车最理想的替代方案。

与传统动力汽车相比，氢动力汽车成本至少高出20%。中国长安汽车在2007年完成了中国第一台高效零排放氢内燃机点火汽车，并在2008年北京车展上展出了自主研发的中国首款氢动力概念跑车"氢程"。

随着"汽车社会"的逐渐形成，汽车保有量呈现上升趋势，而石油等资源却捉襟见肘。另一方面，吞下大量汽油的车辆不断排放着有害气体和污染物质。最终的解决之道当然不是限制汽车工业发展，而是开发替代石油的新能源，燃料电池车的四轮快速又安静地滚过路面，辙印出新能源的名字—氢。

几乎所有的世界汽车巨头都在研制

新能源汽车。电曾经被认为是汽车的未来动力，但蓄电池漫长的充电时间和重量使得人们渐渐对它兴味索然。

这个时候，氢动力燃料电池的出现，犹如再造了一艘诺亚方舟，让人们从危机中看到无限希望。

以氢气为汽车燃料这种说法刚出来时吓人一跳，但事实上是有根据的。氢具有很高的能量密度，释放的能量足以使汽车发动机运转，而且氢与氧气在燃料电池中发生化学反应只生成水，没有污染。因此，许多科学家预言，以氢为能源的燃料电池是21世纪汽车的核心技术，它对汽车工业的革命性意义，相当于微处理器对计算机业那样重要。

优点：排放物是纯水，行驶时不产生任何污染物。

缺点：氢燃料电池成本过高，而且氢燃料的存储和运输按照目前的技术条件来说非常困难，因为氢分子非常小，极易透过储藏装置的外壳逃逸。另外最致命的问题，氢气的提取需要通过电解水或者利用天然气，如此一来同样需要消耗大量的能源，除非使用核电来提取，否则无法从根本上降低二氧化碳的排放量。

燃气汽车 〉

燃气汽车是指用压缩天然气(CNG)、液化石油气(LPG)和液化天然气(LNG)作为燃料的汽车。近年来,世界上各国政府都积极寻求解决这一难题,开始纷纷调整汽车燃料结构。燃气汽车由于其排放性能好,可调整汽车燃料结构,运行成本低、技术成熟、安全可靠,所以被世界各国公认为当前最理想的可替代燃料汽车。目前,燃气仍然是世界汽车代用燃料的主流,在我国代用燃料汽车中占到90%左右。

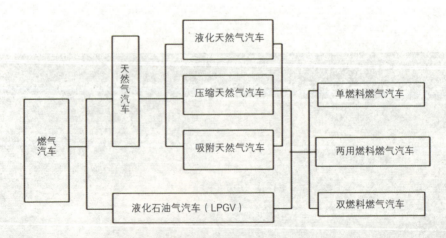

燃气(主要指天然气和液化石油气)汽车根据其使用燃料不同、燃料的使用形态不同和使用方法不同分类

生物乙醇汽车 〉

乙醇俗称酒精，通俗些说，使用乙醇为燃料的汽车，也可叫酒精汽车。用乙醇代替石油燃料的活动历史已经很长，无论是从生产上和应用上的技术都已经很成熟，近来由于石油资源紧张，汽车能源多元化趋向加剧，乙醇汽车又提到议事日程。

目前世界上已有40多个国家，不同程度应用乙醇汽车，有的已达到较大规模的推广，乙醇汽车的地位日益提升。在汽车上使用乙醇，可以提高燃料的辛烷值，增加氧含量，使汽车缸内燃烧更完全，可以降低尾气的害物的排放。

● 智能汽车

智能汽车与一般所说的自动驾驶有所不同，它指的是利用多种传感器和智能公路技术实现的汽车自动驾驶。智能汽车首先有一套导航信息资料库，存有全国高速公路、普通公路、城市道路以及各种服务设施(餐饮、旅馆、加油站、景点、停车场)的信息资料；其次是GPS定位系统，利用这个系统精确定位车辆所在的位置，与道路资料库中的数据相比较，确定以后的行驶方向；道路状况信息系统，由交通管理中心提供实时的前方道路状况信息，如堵车、事故等，必要时及时改变行驶路线；车辆防碰系统，包括探测雷达、信息处理系统、驾驶控制系统，控制与其他车辆的距离，在探测到障碍物时及时减速或刹车，并把信息传给指挥中心和其他车辆；紧急报警系统，如果出了事故，自动报告指挥中心进行救援；无线通信系统，用于汽车与指挥中心的联络；自动驾驶系统，用于控制汽车的点火、改变速度和转向等。智能车辆是一个集环境感知、规划决策、多等级辅助驾驶等功能于一体的综合系统，它集中运用了计算机、现代传感、信息融合、通信、人工智能及自动控制等技术，是典型的高新技术综合体。目前对智能车辆的研究主要致力于提高汽车的安全性、舒适性以及提供优良的人车交互界面。近年来，智能车辆已经成为世界车辆工程领域研究的热点和汽车工业增长的新动力，很多发达国家都将其纳入到各自重点发展的智能交通系统当中。

智能汽车的特点——高科技 〉

作为一种正在研制的新型高科技汽车,智能汽车不需要人去驾驶,人只要舒服地坐在车上享

受这高科技的成果就行了。因为这种汽车上装有相当于汽车的"眼睛"、"大脑"和"脚"的电视摄像机、电子计算机和自动操纵系统之类的装置,这些装置都装有非常复杂的电脑程序,所以这种汽车能和人一样会"思考"、"判断"、"行走",可以自动启动、加速、刹车,可以自动绕过地面障碍物。在复杂多变的情况下,它的"大脑"能随机应变,自动选择最佳方案,指挥汽车正常、顺利地行驶。智能汽车的"眼睛"是装在汽车右前方、上下相隔50厘米处的两台电视摄像机,摄像机内有一个发光装置,可同时发

出一条光束,交会于一定距离范围内,物体的图像只有在这个距离内才能被摄取而重叠。"眼睛"能识别车前5-20米之间的台形平面、高度为10厘米以上的障碍物。如果前方有障碍物,"眼睛"就会向"大脑"发出信号,"大脑"根据信号和当时当地的实际情况,判断是否通过、绕道、减速或紧急制动和停车,并选择

最佳方案,然后以电信号的方式,指令汽车的"脚"进行停车、后退或减速。智能汽车的"脚"就是控制汽车行驶的转向器、制动器。

智能汽车的重要标志 >

无人驾驶的智能汽车将是新世纪汽车技术飞跃发展的重要标志。可喜的是，智能汽车已从设想走向实践。随着科技的飞速发展，相信不久的将来，我们都可以领略到智能汽车的风采。所以，智能汽车实际上是智能汽车和智能公路组成的系统，目前主要是智能公路的条件还不具备，而在技术上已经可以解决。在智能汽车的目标实现之前，实际上已经出现许多辅助驾驶系统，广泛应用在汽车上，如智能雨刷器，可以自动感应雨水及雨量，自动开启和停止；自动前照灯，在黄昏光线不足时可以自动打开；智能空调，通过检测人皮肤的温度来控制空调风量和温度；智能悬架，也称主动悬架，自动根据路面情况来控制悬架行程，减少颠簸；防打瞌睡系统，用监测驾驶员的眨眼情况，来确定是否很疲劳，必要时停车报警……计算机技术的广泛应用，为汽车的智能化提供了广阔的前景。

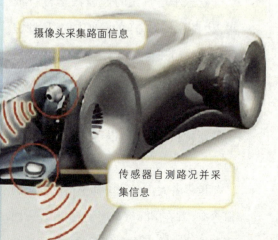

主板将行驶信息同步上传到管理平台，指挥行驶车辆

摄像头采集路面信息

传感器自测路况并采集信息

71

概念车 〉

概念车可以理解为未来汽车,汽车设计师利用概念车向人们展示新颖、独特、超前的构思,反映着人类对先进汽车的梦想与追求。概念车(包括自行车)往往只是处在创意、试验阶段,也许永不投产。与大批量生产的商品车不同,每一辆概念车都可以摆脱生产制造工艺的束缚,尽情地夸张地展示自己的独特魅力。随着时代的进步,概念车已经从高科技、强动力走向低耗能、求环保,例如标榜零消耗、零污染的叶子概念车。

别克YJob是汽车工业界公认的世界第一辆概念车,它于1938年由美国通用汽车艺术和色彩部首任主任、美国汽车造型之父—哈利杰·厄尔发明的。

概念车是时代的最新汽车科技成果,代表着未来汽车的发展方向,因此它展示的作用和意义很大,能够给人以启发并促进相互借鉴学习。因为概念车有超前的构思,体现了独特的创意,并应用了最新科技成果,所以它的鉴赏价值极高。

世界各大汽车公司都不惜巨资研制概念车,并在国际汽车展上亮相,一方面了解消费者对概念车的反映,从而继续

别克YJob

改进；另一方面也是为了向公众展示本公司的技术进步，从而提高自身形象。概念车是汽车中内容最丰富、最深刻、最前卫、最能代表世界汽车科技发展和设计水平的汽车。概念车的展示，是世界各大汽车公司借以展示其科技实力和设计观念的最重要的方式。因而概念车也是艺术性最强、最具吸引力的汽车。

概念车可分为两类，一种是能跑的真正汽车，另一种是设计概念模型。第一种比较接近于批量生产，其先进技术已步入试验并逐步走向实用化，一般在5年左右可成为公司投产的新产品。第二种汽车虽是更为超前的设计，但因环境、科研水平、成本等原因，只是未来发展的研究设想。

叶子概念车

叶子概念车

"叶子"是由我国上汽集团自主研发的概念车，它集光电转换、风电转换和二氧化碳吸附转换等自然能源转换技术概念于一身，车顶一片巨型叶子则是一部高效的光电转换器，可吸收太阳能转化为电能，并以可视化的"叶脉"方式显示能源的流动；特别值得一提的是其阳光追踪系统，叶片上的太阳能晶体片可随太阳照射方向而转动，提高太阳能收集效率，生物化特性使"叶子"与自然实现和谐共处。

汽车车身造型的变化 〉

在汽车发明后的100百多年内，汽车无论是从车身造型还是从动力源或底盘、电器设备来讲，都有了翻天覆地的变化。而其发展过程中最富有特色、最具直观感的首先是车身外形的演变。

• 马车型汽车

从19世纪末到20世纪初，世界上相继出现了一批汽车制造公司，除戴姆勒和奔驰各自成立了以自己名字命名的汽车公司外，还有美国的福特公司、英国的罗尔斯罗伊公司、法国的标致和雪铁龙公司、意大利的菲亚特公司等。当时的汽车外形基本上沿用了马车的造型。因此，当时人们把汽车称为无马的"马车"。

1890年，德国奔驰公司生产的维洛牌车首先开始采用橡胶充气轮胎。维洛牌小客车是奔驰公司初期著名的小客车。

1889年，法国的标致研制成功齿轮变速器、差速器，并在1891年首先采用前置发动机后轮驱动。1891年摩擦片式离合器也在法国开发成功。

1890年法国的雷诺1号车，采用密闭箱式变速器、万向节传动轴和伞齿轮主减速器。1902年法国的狄第安采用了流传至今的狄第安后桥半独立悬架。由于法国人的不断

改进，使早期汽车的性能大大提高。其次德国在1893年发明了化油器，1896年英国首先采用石棉制动片和方向盘等，也为汽车的改进做出了贡献。

美国农民出身的亨利·福特，在1896年造出第一辆福特车。1908年，福特公司开始生产一种"T"型汽车，以其结构紧凑、坚固耐用、容易驾驶、价格低廉而受到欢迎，并以产量之高而著称于世。福特还首先采用"流水作业法"，大大提高了劳动生产率，并为今天的汽车生产所继承。

• 箱型汽车

马车型汽车很难抵挡风雨的侵袭，美国福特汽车公司在 1915 年生产出一种新型的福特 T 型车，这种车的车室部分很像一只大箱子并装有门和窗，人们把这类车称为"箱型汽车"。早期的箱型汽车以美国的福特 T 型车最为著名，年产量达到 30 多万辆，占美国汽车总产量的 70%-80%。美国通用汽车公司的雪佛兰部看准用户多样化的要求，于 1928 年制造出在散热器罩、发动机通风口和轮罩上增加豪华装饰的汽车，从而博得了用户的欢迎。随着生活节奏的加快，人们对车速的要求也越来越高。要想使汽车跑得快，有两条主要途径，一是增大功率 二是减小空气阻力。因此人们开始降低车的高度以减小空气阻力。随着车顶高度的降低，前窗玻璃不断变窄，影响前方的视野，乘员

感到十分憋闷。后来放弃了降低高度提高速度的办法，转而通过提高功率的办法来克服空气的阻力。这样一来，发动机由单缸

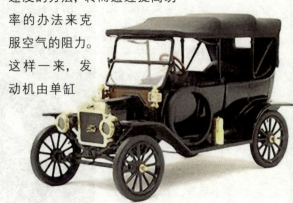

变成四缸、六缸、八缸，而且汽缸是一列排开的，因而发动机罩也随之变长。典型的例子就是意大利 1931 年生产的阿尔法。罗密欧牌汽车的外形作为高速车来讲，箱形汽车是不够理想，因为它的阻力大，大大妨碍了汽车前进的速度，所以人们又开始研究一种新的车型—流线型汽车。

• 甲壳虫型汽车

1934 年美国的克莱斯勒公司生产的气流牌小客车，首先采用了流线型的车身外形。1936 年福特公司在"气流"的基础上，加以精练，并吸收商品学要素，研制成功林肯和风牌流线型小客车。此车散热器罩很精练，并具有动感，俯视整个车身呈纺锤形，很有特色。受其影响，以后出现的流线型汽车有：1937 年的福特 V8 型、1937 年的菲亚特和 1955 年的雪铁龙等。

流线型车身的大量生产是从德国的"大众"开始的。1933 年德国的独裁者希特勒要求波尔舍 (1875 —1951) 设计一种大众化的汽车，波尔舍博士设计了一种类似甲壳虫外形的汽车。波尔舍最大限度地发挥了甲壳虫外形的长处，成为同类车之王，甲壳虫也成为该车的代名词。由于第二次世界大战的原因，甲壳虫型汽车直到 1949 年才真正大批量生产，并开始畅销世界各地，同时以一种车型累计生产超过 2000 万辆的纪录而著称于世。

• 船型汽车

美国福特公司经过几年的努力，于 1949 年推出具有历史意义的新型的福特 V8 型汽车。这种车型改变了以往汽车造型的模式，使前翼子板和发动机罩，后翼子板和行李厢罩溶于一体，大灯和散热器罩也形成一个平滑的面，车室位于车的中部，整个造型很像一只小船，所以人们把这类车称为"船型汽车"。

福特 V8 型汽车的成功，不仅仅在外形上有所"突破"，而且还首先把人体工程学应用在汽车的设计上。强调以人为主体的设计思想，也就是让设计师置身于驾驶员及其乘员的位置，来设计便于操纵、乘坐舒服的汽车。

船型汽车不论从外形上还是从性能上来看都优于甲壳虫型汽车。而且还解决了甲壳虫型汽车对横风不稳定的问题。这是因为船型车发动机前置，汽车重心相对前移，而且加大了行李厢，使风压中心位于汽车重心之后的缘故，所以遇到横风就不会摇头摆尾。

从上世纪 50 年代开始一直到现在，不论是美国还是欧亚大陆，不管是大型车或者是中、小型车都采用了船型车身，从而使船型造型成为世界上数量最多的一种车型。

77

• 鱼型汽车

船型汽车尾部过分向后伸出，形成阶梯状，在高速时会产生较强的空气涡流。为了克服这一缺陷，人们把船型车的后窗玻璃逐渐倾斜，倾斜的极限即成为斜背式。由于斜背式汽车的背部像鱼的脊背，所以这类车称为"鱼型汽车"。

鱼型汽车和甲壳虫型汽车光从背部来看很相似，但仔细观察可以看出鱼型汽车的背部和地面的角度比较小，尾部较长，围绕车身的气流也比较平顺，涡流阻力也较小。基本上保留了船型汽车的长处，车室宽大，视野开阔，舒适性也好，另外鱼型汽车还增大了行李厢的容积。

最初的鱼型车是美国1952年生产的别克牌小客车。1964年美国的克莱斯勒·顺风牌和1965年的福特·野马牌都采用了鱼型造型。自顺风牌以后，世界各国逐渐生产鱼型汽车。

鱼型汽车存在的缺点：由于鱼型车后窗玻璃倾斜太甚，面积增加两倍，强度下降，产生结构上的缺陷。鱼型车还有一个潜在的重大缺点，就是对横风的不稳定性。鱼型车发动机前置，车身重心相对前移，一般来讲横风的风压中心和车身重心接近。但由于鱼型车的造型关系，在高速时会产生一种升力，使车轮附着力减小，从而抵挡不住横风的吹袭，发生偏离的危险。

鱼型车的这一缺点，人们想了许多方法加以克服，例如人们在鱼型车的尾部安上一只翘翘的"鸭尾"，以克服一部分升力，这便是"鱼型鸭尾"式车型。

• 楔型汽车

为了从根本上解决鱼型汽车的升力问题，人们设想了种种方案，最后终于找到了一种楔型。就是将车身整体向前下方倾斜，车身后部像刀切一样平直，这种造型能有效地克服升力。1963 年司蒂倍克·阿本提第一次设计了楔型小客车。

"阿本提"诞生于船型车的盛行时代，与通常的外形形成尖锐的对立，因此，未能起到引导车身外形向前发展的作用。直到 1966 年才被奥兹莫比尔·托罗纳多所继承。

楔型对于目前所考虑到的高速汽车，已接近于理想的造型。现在世界各大汽车生产国都已生产出带有楔型效果的小客车，这些汽车的外形清爽利落、简洁大方，具有现代气息，给人以美的享受。

• 未来汽车

其实汽车外形发展到鱼型，关于空气阻力的问题就已经基本解决了，楔型继承了这一成果，并有效地克服了鱼型车的升力问题，使汽车的行驶稳定性有了显著的提高，楔型成为目前较为理想的车身造型。未来小客车的造型必然是在楔型车的基础上加以改进。

例如，把前窗玻璃和发动机罩进一步前倾，尾部去掉阶梯状，成为真正的楔型。车窗玻璃和车身侧面齐平，形成一个平面，后视镜等将通过合理的造型，以取得最低的风阻力，或者由车内的电视屏幕来代替。总之，未来小客车的造型将更为平滑、流畅。

为了使一车多用，人们设想了一种组合式汽车。这种车有一个车头部分（主要装有动力系统），既可独立使用，也可以和不同的车箱连接，成为小货车、旅游车、冷藏车以及赛车等，根据需要随时更换。

在未来的汽车世界里还会出现几种特殊的汽车客运系统，一种是"空中公共汽车"车辆，它具有陆空两用的优点，既可以和普通公共汽车一样在陆上行驶，也可以开进特殊的飞机上，做空中旅行，减少了乘客上下飞机的麻烦。还有一种是无人

驾驶的自动小客车，它的大小和现在的小客车相近，有4个或6个座位，所不同的是这种小客车只有两个轮子，左侧是一只悬臂，与车辆左上方的轨道相接，轨道除起着向导的作用，还担负着传递自动信号、输送电力的作用。电脑被广泛地运用在汽车上，将是未来汽车的重要标志。将来的汽车装上电脑指挥系统，可以把驾驶员的意志和外界行驶条件结合起来转化成电信号，然后集中输送到微处理器，经过分析计算后，向车辆的各个部分发出指令，使汽车更为安全可靠，甚至可以出现无人驾驶的"智能"汽车。将来还会出现更多造型奇特、性能卓越的汽车。例如，履带式气垫车，用充气的橡胶履带来代替汽车的轮子，可

以在泥泞道路或沼泽地自由行走。无轮步行式汽车，是仿照动物行走的特征制造的，装有四条腿，下坑洼、涉泥泞都非常灵活。还有水陆空三用汽车、飞碟汽车、潜艇式汽车等等。总之未来汽车比我们现在想象的要丰富得多。

81

汽车技术六大里程碑 >

- **第一个里程碑："梅赛德斯"开创了汽车时代**

19世纪末，法国的帕纳尔－勒瓦索公司将发动机装在车前部，通过离合器、变速装置和齿轮传动装置把驱动力传到后轮，这种方案后来被称为"帕纳尔系统"。人们常常称这种方案为常规方案，目前还有一些汽车生产制造厂采用这种方案，其中大多数是生产大型汽车的厂家，如载货汽车。"帕纳尔系统"的地位是1901年由当时的戴姆勒发动机公司真正确立起来的，它被安装在威廉·迈巴赫设计的一辆汽车上，这种汽车成为全世界汽车制造的样板。

当年，戴姆勒公司有一位杰出的汽车推销商，名叫埃米尔·杰里耐克，他很喜欢赛车。汽车赛在当时就是一种有效的汽车广告，那利内克看到了这一点，并用他的那辆奔驰车参加过许多次比赛。但是，他那辆20千瓦（28马力）的汽车很难胜过法国的赛车，于是他说服设计师迈巴赫设计出了一种全新型号的汽车，在机械性能及外形上都做了较大的改进。埃米尔·杰里耐克1901年3月用新的赛车参加了"尼扎赛车周"。他有个可爱的女儿的教名叫梅赛德斯，因此他就用女儿的教名"梅赛德斯"作为汽车的牌号登记参赛，这种新赛车战胜了所有的对手，一鸣惊人。法国汽车俱乐部的秘书长保罗·梅昂说："我们进入了梅赛德斯时代。"从此，德国人就喜欢将戴姆勒－奔驰的汽车叫"梅赛德斯"。

• 第二个里程碑：福特汽车公司开始大批量生产汽车

1908年10月1日，汽车技术史上树起了第二个里程碑，底特律（美国的汽车城）开始生产一种以"福特"命名的汽车，型号为"T型"。这种少见的汽车推动了一个新的工业时代的到来，在这个时代，工人们首次用大批量生产的部件在流水线上组装汽车。

亨利·福特的T型汽车是一种没有先例的技术典型。构造简单的四缸发动机只有14.7千瓦（20马力），工作容积为2884毫升，每分钟转速1600转。工作负荷低，转速慢，使得这种发动机非常坚固耐用，它可以用最低劣的汽油，甚至可以用煤油比例很大的混合油。亨利·福特的目标是生产"全球车"。不论从哪方面说，他都成功了。自1908年10月1日第一辆T型车交货以来，直至1927年夏天T型车成为历史，共售出1500多万辆。T型车在全世界备受青睐，它成了便宜和可靠交通工具的象征。福特汽车公司创造了一个巨大的永久性汽车市场，带动了全球汽车产业的发展。截止1913年底，美国售出的汽车近一半是福特生产的。到20年代，全世界一半以上的注册汽车都是福特牌。

• 第三个里程碑: 前轮驱动汽车的创造者雪铁龙

继威廉·迈巴赫和亨利·福特之后,安德烈·雪铁龙于 1934 年在法国树起了汽车史上的第三个里程碑。1919 年这位法国企业家第一个在欧洲实行汽车的流水线生产。不久, 雪铁龙汽车公司就成了欧洲大型而又成功的厂家之一。

上世纪 20 年代中期, 汽车生产者讨论了把驱动作用从后轮移到前轮是否更好些的问题。1934 年 3 月 24 日, 一种新型的汽车结构出现了: 一款名叫 7A 的前驱动汽车问世。前轮驱动、无底盘的车身结构、通过扭杆实现单轮减震以及液压制动等等, 这些都曾有人采用过

的, 但从未有人把这些集中在一辆汽车上, 并且是成批生产的。受雪铁龙委托的安德烈·勒费弗尔及其助手莫里斯·圣蒂拉创造的这种汽车, 其设计方案即使在 70 多年后的今天也没有过时。在许多警匪电影中, 这种车由于性能可靠而被用做逃跑的车辆, 被人称为成功的"强盗车"。这种车除了个别地方做了一些小修改外, 连续生产了 25 年, 最后被安德烈·勒费弗尔设计的第二种汽车, 即雪铁龙 ID/DS 型汽车取代。前轮驱动汽车至少在行车安全方面证明了它优于常规构造方式。

• 第四个里程碑: "甲壳虫"汽车的神话

在汽车史上有一个特别的例子,一种汽车式样的存在和它的生产设备都取决于国家领导部门的一条指令,"大众汽车"项目一开始就有一种不透明的背景,很难说清楚当时是什么样的考虑起了决定性的作用,有人猜测,在确定这种汽车设计方案时很可能有军事上的考虑。沃尔夫斯堡的这家汽车厂是在全世界汽车发生紧缺的时候开始生产民用汽车的,所以市场状况对它十分有利。还有两点:一是它的结实耐用在战争中得到了证明;二是它的售后服务和配件供应要好于其他厂家。

"甲壳虫"型汽车的成功是众所周知的。它打破了福特T型汽车的产量纪录,并超过了数百万辆。它同美国的这种大批量汽车有一个共同点:它们都是"行驶的机器",不讲究豪华,两者的基本结构在它们的"一生"中都没有改动。"甲壳虫"的发动机是后置的,它的成功被诸多竞争对手做了错误的引用,菲亚特、雷诺、西姆卡、斯科达、雪佛兰等一些厂家纷纷效仿"甲壳虫"车,制造具有更大功率的后置发动机的轿车。现在后置发动机的轿车早已淡出市场,最多只有赛车才装后置式发动机,而且大多装在后轴之前。目前,"甲壳虫"已经卷土重来,大众汽车公司再度推出"甲壳虫"车,并取名"新甲壳虫(New Beetel)",引起了人们的极大兴趣。大众"甲壳虫"车的优点同样是结实耐用,不讲究豪华,而且价格大众化。

85

● 第五个里程碑：难以超越的"迷你"汽车

以前的轿车从来没有见过这么"迷你（Mini）"的，以至它在 1959 年面世时被许多人认为是开玩笑的东西，然而就是它，却触发了汽车技术的一场革命。

亚力克·艾西贡尼斯的父亲是英裔希腊籍造船工程师，母亲是德国巴伐利亚人，他在画第一张梦想中的汽车草图时就想到要为 4 个人留下足够宽敞的座位，所以把机械都集中到人不需要用的地方——两个前轮之间以及后座地板下面。这种车长 3.05 米，宽 1.4 米，它的重量仅在 630 公斤，简直是个侏儒，所以 25 千瓦（34 马力）横置的发动机可以使它开得飞快。这个侏儒不久后就有了更大的功率。曾经在一段时间里，"迷你"车成了一种不分等级的、受崇拜的汽车，许多名流把它当作玩具在市区里开来开去。这种小型车在取得"观念上的突破"的同时，还在汽车赛中取得成就，在蒙特卡洛汽车赛中三次夺魁，在无数次环形路车赛中获胜。

这种"迷你"车车轮直径只有 25.4 厘米，铁质发动机的功率又比别的汽车小得多，它怎么可能在比赛中把保时捷、富豪、福特等汽车甩在后面呢？它的秘密来自于技术优势：巧妙的重心分布及适当的轴距和轮距。50 多年后的今天仍然流行微型车，但曾经有许多人试图使这种小车有一种"现代化的式样"而改进它原来的设计，结果都没有成功。这是因为从一开始艾西贡尼斯就将"迷你"车的设计考虑得十分周密，无懈可击。同时，人们根据微型车的方案生产出各式各样新型的与之竞争的汽车，除少数生产传统名牌汽车和豪华型汽车的公司外，几乎所有公司都模仿了"迷你"车的设计，微型轿车也正成为汽车家族的重要成员。

• 第六个里程碑: 风靡上世纪90年代的多用途厢式车

多用途厢式车, 英文全称为 Multi-Purpose Vehicle, 缩写为"MPV", 这种由法国雷诺汽车公司在 20 世纪 80 年代创造的 Espace 牌 MPV, 以它新颖的车厢布局设计引起了车坛的轰动。

以前汽车的后排座位是固定不动, 一成不变的。而 MPV 则是车内每个座椅都可独立调节, 可以做成多种形式的组合, 即可是乘车形式, 又可组合成有小桌的小型会议室。从车厢座椅位置的固定到可调, 从固定空间布置到可变空间布置, 标志着汽车使用概念上的变革。受 MPV 设计概念的启发, 现代汽车上又出现了运动型多用途车, 英文全称为 Sport & Utility Vehicle, 简称"SUV", 它具有轿车和轻型卡车的特点, 在"MPV"与"SUV"的基础上, 又出现了近年风靡全球的休闲车热浪。休闲车英文全称为 Recreation Vehicle, 简称"RV", 它在外形上突破了传统轿车三厢式的布局, 车厢空间具有多用途、富于变化和适应性广的特点。它在设计思想上, 承袭了 MPV 的基本设计概念—可变的车厢空间组合。正因为 MPV 的出现, 才使汽车设计者突破了旧的框架, 设计出从专用性到多样性的各种各样的家庭汽车。

汽车衍生产品和产业 >

• 汽车旅馆

　　1923 年，美国加利福尼亚州一位名叫哈利·埃利奥特的商人因生意繁忙经常驱车行驶在圣迭戈至旧金山之间的国家公路上。一次他看着道路上行驶着的旅行汽车，突发奇想，这些汽车中的旅客有很多是长途旅行的，而沿途中旅客却没有停车休息的地方。带着这个想法，埃利奥特拜访了建筑设计师阿萨·海因曼，请他设计一幢汽车旅客客栈。1924 年春，由阿萨·海因曼设计的具有西班牙古典样式的汽车旅客客栈开始动工。1925 年冬季，客栈在奥比斯竣工并挂牌营业，吸引了不少路过的汽车驾驶员和游客来此投宿，这便是世界上最早的汽车旅馆。由于汽车旅馆设在交通流量大的黄金地段，一天来此投宿的汽车有几十辆，给埃利奥特带来可观的营业收入。

• 汽车影院

　　汽车影院，即观众坐在各自的汽车里通过调频收听和观看露天电影，这是随着汽车工业高度发达后所衍生的汽车文化娱乐方式之一。自从 1933 年的 6 月 6 日，美国新泽西州 Richard M. Holling shead 在他家后院创办了世界上第一家汽车电影院之后，这种娱乐休闲方式随着汽车的普及很快风靡整个北美地区，从而成为独特的文化特色之一。

• 车展

　　车展，全称为"汽车展览"，是由政府机构、专业协会或主流媒体等组织，在专业展馆或会场中心进行的汽车产品展示展销会或汽车行业经贸交易会、博览会等。

消费者可经由汽车展览会场所展示的汽车或汽车相关产品，了解汽车制造工业的发展动向与时代脉动。汽车厂商则可以通过车展对外宣传产品的设计理念，发布产品信息，了解世界汽车发展方向。

　　经由"世界汽车工业国际协会"认定及国际社会普遍公认的法兰克福、东京、底特律、日内瓦、巴黎等汽车展览会场，皆具有历史性与自我特色。历届汽车展览会场所展示的概念车型，不仅显示出未来汽车的发展趋势与导向，更将汽车制造工业最先进的技术与最前卫的设计发挥得淋漓尽致。

• 仿真汽车模型

车模即汽车模型，是完全依照真车的形状、结构、色彩，甚至内饰部件，严格按比例缩小而制作的模型。车模因为其真实地再现原车主要特征，做工精良，其本身蕴含着的汽车文化，具有很高的收藏价值。一套用心收藏的车模可以完整真实地再现一个汽车公司，一个汽车品牌的历史。

世界上第一批车模诞生于 1914 年，当时美国福特汽车厂在销售新出品的 T 型车的同时，还赠送给购车者一个精致的 T 型车小模型，福特的本意纯粹是为了和通用汽车进行竞争。然而出人意料的是无心插柳柳成荫，这种被用于赠送的礼品车模一经问世，便很快受到爱车人士的青睐。各汽车生产厂继而争相效仿，在推出新车的同时纷纷推出新款车模。1925 年出现了别克牌迷你车模型，随即，英国、法国等欧洲国家也陆续出现了各类品牌的汽车模型。据不完全统计，近 90 年来，全世界的汽车生产厂共推出数万种款式的汽车模型，并打破了欧美生产制作和收藏车模一统天下的垄断局面，逐渐发展成为一种风行于全世界的收藏和投资项目。

• 汽车模型与玩具的区别

1.仿真车模必须有它所表现的原车型，是原车型按照一定的标准比例缩小，常见的比例有 1/12、1/18、1/24、1/43、1/64 和 1/87 等等，与原车比例的精度是衡量一款车模制造水平的重要标准之一。而玩具汽车的尺寸设计可大可小，非常随意。

2.为了忠实再现真实的汽车，模型制造者不会对原型车的外观进行丝毫的修改和夸张，更不会凭空想象出一种汽车来。而许多玩具汽车也可能会仿制一款真车，但制造商往往会根据顾客的喜好和生产的技术水平限制进行随意的修改，任意性很大。玩具设计者还可以充分发挥想象力推出现实中没有的汽车来，但这种想象力对模型来说是"不允许"的。除了整体外观，汽车模型在细节上也应该是高度仿真的，往往整个车模会由几百个甚至更多的部件构成，各个部件都是对原车型相应部件的缩小，车模部件越多、部件分得越细，说明这款车模的制作工艺越高。而玩具汽车的细节表达远远不能达到汽车模型的水平，很多细节被忽略或用同一块材料制作在一起。

3.车模选用高档次的金属、塑料或树脂材料制成，加工工艺要求较高，喷漆的要求几乎要达到真车的水平。

4.车模制造厂商要制作某款车型的模型，必须得到原厂的授权才行，否则就是侵犯了知识产权，为此车模厂商可能需支付一定的费用。为了制造高精度的模型，制造者还需得到原厂的技术支持，提供准确的数据资料。这些都是玩具设计者所不需要的。

世界著名汽车赛事 〉

世界一级方程式赛车锦标赛：提起F1，可以说是家喻户晓的一种汽车比赛。F1是世界一级方程式赛车锦标赛（Formula one. Grand Prix)的简称，是汽车场地赛项目中最高级别的比赛，也是世界上最为引人注目的运动项目之一。50年来吸引了数百万观众到场观战，电视观众近500亿人次。全世界的车手几乎都以拼杀F1赛场为终极目标。Formula One里面的这个"One"不仅仅代表比赛所用的车辆是世界顶级的技术结晶，也不仅仅代表参赛的车手和技术都是世界赛车界的精英，从另一个角度讲这个"One"则是代表F1是世界顶级的"金钱大赛"。10年前，建一条F1赛道的造价是3000万美元，著名车手的年薪则超过千万美元，一辆F1赛车的发动机造价在12—30万美元，一条固特异轮胎约600美元，资格赛用的汽油每升240美元……重金打造的F1在现今赛车领域所代表的地位犹如"奥运"或是"世界杯足球赛"。

世界越野拉力锦标赛：世界越野拉力锦标赛（WRC）是由国际汽车

运动联合会（FIA）批准的世界越野拉力锦标赛，是仅次于F1赛车的世界顶级赛车运动，参加WRC的赛车都是以制作精良的顶级世界越野拉力赛车为主，参加

观赏这项世界顶级的汽车越野拉力赛事。同时，WRC还以它"不要门票的比赛"或者叫"家门口的比赛"而闻名，因为WRC的赛道多是利用乡村、野外的砂石、沙漠或者柏油路面设计组成，比赛时赛车会在村庄中穿行，而观众就站在赛道两侧的安全区域观战，可以说是"零距离"的体验赛车飞驰的刺激。WRC可以说是所有赛车项目中最苛刻的一种，因为所有参赛车辆都是以量产车为基础研发制作而成。目前FIA规定的WRC每年有14站比赛，比赛时间是从每年的1月到11月。

WRC比赛中等级最高的组别。除此之外还有很多私人车队会同时参赛，通常每一站的参赛车辆约70至100辆，全球约有超过10亿人次通过电视转播或其他媒体

德国房车大师赛：德国房车大师赛（DTM）简称德国房车赛，创立于2000年。有奥迪和梅塞德斯奔驰两个车厂8个车队19名车手参加。前身是德国房车锦标赛。每年一共设有10个分站比赛，其中6站在德国境内举行，另设有荷兰、英国、西班牙、法国4个海外分站。获得最高分数的车手，便成为全年总冠军。

● 品牌的故事，流转的传奇

125年前，人类社会第一次有了汽车这个商品，并拥有了第一个源自企业创始人名字的汽车品牌。但是，在这之后将近30年中，汽车基本属于皇家贵族的专属品，于市场而言只能是非卖品。直到1908年，美国人开始了流水线生产，汽车才真正步入了社会，并成为推进人类进步的重要发明之一。

公牛狂飙—兰博基尼 ›

兰博基尼公司的全称为"Ferruccio Lamborghini Automobile S.P.A"，翻译成中文为"费卢西奥·兰博基尼汽车股份有限公司"。和国外大部分汽车品牌命名一样，兰博基尼品牌也是以创始人的名字"费卢西奥·兰博基尼"命名的。1916年4月28日，费卢西奥·兰博基尼出生于意大利费拉里省的一个小村镇，正是这样一位出身普通家庭的男人造就了今天大名鼎鼎的兰博基尼。

费卢西奥·兰博基尼曾服务于罗德岛上的意大利航空基地的机械组装部，所以他擅长机械。而且费卢西奥·兰博基尼对汽车、拖拉机和飞机等交通工具相当感兴趣，这让他很快就掌握了当时最先进的一些工程技术和设计理念。二战结束后，费卢西奥开始利用大量被遗弃的军用物资制造拖拉机，并于1947年成立了自己的第一家公司"兰博基尼拖拉机制造公司"，凭借着自己的天赋以及对机械行业的精通，兰博基尼公司很快成为了当时最大的农用机械制造商。

由于费卢西奥生日是金牛座，又非常喜欢公牛，而且公牛可以诠释兰博基尼本人以及整个公司孜孜不倦的精神，所

以兰博基尼便以一头愤怒的公牛作为徽章。它也代表了兰博基尼"挑战极限,高傲不凡,豪放不羁"的品牌特点,同时也寓意着公司产品都拥有着"狂牛"的实力。

关于兰博基尼为何由生产拖拉机转为生产跑车一直是车迷讨论的焦点,其中有一种说法比较靠谱,即费卢西奥以前一直是法拉利的车迷,后由于驾驶的法拉利250GT离合器出现问题而向法拉利投诉。法拉利的创始人恩佐·法拉利非但没有听取意见,反而贬低其没有能力驾驭250 GT,只适合驾驶农业机械车辆。这句话严重伤害了费卢西奥的自尊心,自此费卢西奥·兰博基尼开始研究属于自己的超级跑车,而目标自然就是要击败法拉利。1963年,兰博基尼在意大利圣阿加塔博洛尼亚正式成立了自己的汽车工厂,并于当年在都灵车展上发布了第一辆兰博基尼跑车350GTV。1966年,兰博基尼推出了350GT的升级版400GT,此款车一经推出便受到了消费者的一致认可,随后

兰博基尼也推出了多种版本的400GT车型。可以说400GT是影响兰博基尼品牌的重要转折点，它的推出让人们真正认识了兰博基尼。1968年，兰博基尼推出Miura P400，开创兰博基尼中置引擎布局的先河。此后兰博基尼公司虽然几易其主，但随着经典车型Countach、Diablo、Murciélago等陆续的推出，兰博基尼用跑车向人们诠释了什么才是力量与美的完美融合。

• 兰博基尼品牌大事记

1947 年——成立了自己第一家公司"兰博基尼拖拉机制造公司"

1963 年——兰博基尼在意大利圣阿加塔博洛尼亚（Sant Agata Bolognese）正式成立了自己的汽车工厂，并于当年在都灵车展上发布了第一辆兰博基尼跑车 350GTV

1964 年——兰博基尼与日内瓦车展推出第一款量产车型 350GT

1966 年——兰博基尼推出量产车 400GT，获得了消费者的一致认可

1968 年——兰博基尼推出 Miura P400，开创兰博基尼中置引擎布局的先河

1972 年——兰博基尼拖拉机公司被出售给德国赛迈道依茨 – 法尔集团（SAME Deutz–Fahr Group）

1973 年——濒临破产时的兰博基尼推出经典车型 Countach，Countach 名噪四海之后，费卢西奥·兰博基尼宣布退出车坛

1977 年——兰博基尼曾为宝马"代工"设计 M11986 年 – 越野车 LM002 量产

1987 年——兰博基尼汽车公司被美国克莱斯勒汽车公司收购

1990 年——兰博基尼推出又一具有划时代意义的产品车型 Diablo，甘迪尼的又一传奇力作

1993 年——兰博基尼创始人费卢西奥·兰博基尼去世

1998 年——兰博基尼正式转入德国大众旗下

2001 年——在奥迪的管理下，兰博基尼推出旗舰跑车 Murciélago

2003 年——兰博基尼推出全新入门级车型 Gallardo

2007 年——一款历史上最贵的兰博基尼跑车 Reventon 诞生，价值 140 万美元

2011 年——全新旗舰车型 Aventdor LP700–4 日内瓦车展亮相，正式取代原旗舰车型 Murciélago

不变的贵族——劳斯莱斯 >

1904年的一天中午，在曼彻斯特Midland酒店的一张餐桌旁，一位41岁的中年人和一个26岁的小伙子轻声交谈着，他们就是Frederick Henry Royce（亨利·莱斯）和Charles Stewart Rolls（查利·劳斯），在旁人眼里这也许只是两位朋友的一顿家常便饭，但他们肯定不会想到，正是这两个人创造了劳斯莱斯品牌，并且一走就是100多年！

一年之前，亨利·莱斯开始打造自己的第一款汽车。他委托铸造厂来制造汽车部件，招来一些车架工匠组装4座车身，并成功制造出第一款2汽缸发动机Royce汽车，排量1800毫升，最大功率仅为10马力。而出身于贵族家庭的劳斯，在一个偶然的机会看到莱斯生产出的2缸发动机汽车，受到极大震撼。这辆车用按钮启动，运行十分平稳流畅，噪音很小，而且不像当时的汽车那样经常出现故障。劳斯一下子就意识到这就是他想要的高质量的汽车，他立即把莱斯的这辆车借到伦敦，并介绍给他的合伙人克劳德·约翰逊。他们在心中暗喜：莱斯先生就是他们发现的将要主宰世界的机械天才。

1904年的圣诞节，劳斯和莱斯正式签署合作协议，双方合作生产可以推向市场的汽车，汽车将由Royce有限公司（该公司是莱斯早年间创造的公司）负责制造，品牌名称是劳斯莱斯（Rolls-Royce）。也许这对莱斯不公平，但是劳斯莱斯毕竟比莱斯劳斯好听，他们都觉

最终将它命名为Sliver Ghost。凭借着Sliver Ghost的出色表现，劳斯莱斯品牌成功跻身世界顶级汽车品牌行列。之后，劳斯莱斯其他量产车逐渐停产，公司集中精力研发为富豪准备的高端车型，从此一步步走向辉煌。

得莱斯劳斯这个名字没有前者的神韵，这个传奇品牌的名字于是确定为劳斯莱斯。

1907年首次露面于巴黎汽车博览会的Silver Ghost（银魅）受到了普遍关注。其金色钟顶形散热器非常引人注目，直到今天这一造型依然是劳斯莱斯不可替代的设计元素。该车的设计理念也与当时其他品牌迥然不同。例如，为让乘员以最优雅的姿势下车，车门采用马车走入式设计，门是向后打开的。此类细节使它被当时的新闻界公认为世界上最好的汽车。不过有意思的是，直到这款车停产之后，劳斯莱斯才

1914年，第一次世界大战在即，当时英国空军还在装备法国发动机，而英国政府认为战争可能在法国土地上全面爆发，所以拥有自己的发动机成为当务之急。于是在英国政府的命令下，莱斯开始在英国德比的工厂里研制飞机发动机，并很快成为了劳斯莱斯的主营业务，飞机发动机赚来的钱刚好可以救济常常亏损的汽车业务。此

时，劳斯莱斯汽车也被征为军用，Sliver Ghost装上了装甲，车顶也设计了炮塔，可以搭配维克斯303机枪。

到了1925年，Sliver Ghost（银魅）已经无法满足人们的审美观点，因为它总是让人感觉回到了20年前。于是，劳斯莱斯在40/50（银魅定名前的代号）的底盘上安装了新的发动机，这款车被命名为Phantom（幻影），多年后汽车收藏家们

称其为Phantomi。此后幻影系列成为国家元首的专属，也成为劳斯莱斯家族最璀璨的珍宝。

从1904年创立至今，劳斯莱斯的工厂经历了6次搬迁，造就了一个个跌宕起伏的故事，却始终没有动摇它在世界汽车业界的顶尖地位。"汽车中的贵族"不是一句空洞的口号，它凝聚的是一代代劳斯莱斯人追求完美的信念。

• 劳斯莱斯品牌大事记

1904 年——劳斯与莱斯正式合作，创立劳斯莱斯品牌

1907 年——银魅诞生，至 1924 年生产了 6173 台，成为了当时的经典车型

1911 年——飞天女神徽标进入设计阶段

1914 年——莱斯开始研制飞机发动机，并且成为了劳斯莱斯的主营业务

1925 年——进入幻影时代

1931 年——莱斯收购宾利品牌，同时幻影 3 开始研发，不过随着幻影 3 销售不佳，劳斯莱斯也进入了没落期，同时宣告莱斯时代结束

1946 年—劳斯莱斯公司战后第一款产车诞生 — 宾利 Mark VI

1948 年——银色黎明诞生，这也是战后劳斯莱斯的首款自己品牌的产品

1948 年——幻影 4 诞生，它的出现意味着劳斯莱斯开始迈向超高端

1955 年——银云车型面世，它的出现引领着一个新时代的开始

1971 年——劳斯莱斯首款敞篷车 Corniche 面

世

1980 年——劳斯莱斯汽车被 Vickers 收购

1998 年——Vickers 出售劳斯莱斯汽车业务，宝马汽车全盘接手

2003 年——宝马接手劳斯莱斯后的首款新车全新幻影诞生

2003 年——专为劳斯莱斯 100 周年庆开发的 100EX 诞生

激情之翼——法拉利 〉

恩佐·法拉利

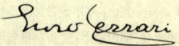

法拉利是一个时代，一个超级跑车的时代，而开创这个时代的人就是恩佐·法拉利。恩佐·法拉利出生于意大利北部Modena，他的父亲Alfredo经营一家小钣金工厂。Alfredo不仅钣金技艺非常出色，也是一个专业车迷。在父亲的影响下，恩佐·法拉利从小就受到赛车文化的熏陶。

在恩佐·法拉利10岁的时候，父亲带他到波伦亚观看了一场汽车比赛。赛车场激烈的场面深深地吸引了他，他盼望着自己也能成为一名优秀赛车手。13岁那年，他千方百计地说服了父亲，允许他单独驾驶汽车，从此，他与汽车结下了不解之缘。

20岁的恩佐·法拉利凭着对赛车的热爱与人搭档自费参加了

103

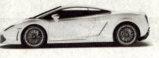

森姆尼赛车队，并于22岁取得了一场比赛的亚军。之后恩佐·法拉利组建了自己的赛车队，并于1929年正式成立了Scuderia Ferrari公司，主要用于参加比赛和对赛车的改装，同时恩佐·法拉利得到了菲亚特的资助，菲亚特拥有Scuderia Ferrari公司50%的股权。

法拉利富有传奇色彩的跃马标志有着英雄的起源：获得高度荣誉的一战意大利飞行员Francesco Baracca首先采用该标志作为个人徽章，将它喷涂在飞机机身上，这给他带来了好运。战争结束后，该飞行员的父母将这一跃马标志托付给恩佐·法拉利，建议法拉利也应在车上印上这匹带来好运的跃马，法拉利将它放置在黄色(摩德纳的金丝雀的颜色)盾牌背景上，作为车队的象征。

1938年，恩佐·法拉利加入阿尔法·罗密欧公司，成为Corse部门的赛车经理。1939年9月，恩佐·法拉利离开了阿尔法·罗密欧公司并同意遵守4年内不以个人名义制造汽车的不竞争条款。之后恩佐·法拉利在Scuderia Ferrari公司原址上成立了Auto Avio Costruzioni Ferrari公司。新公司向罗马国家航空公司、Piaggio和Riv等公司提供服务，主要业务是制造机床，特别是液压动力磨床。

1947年，49岁的恩佐·法拉利在意大利建立了自己的汽车制造工厂。最初的法拉利以生产赛车为主。法拉利生产的第一辆跑车是l25S，这款车搭载V12发动机，从这款车开始，法拉利真正开始了自己的超跑之路。1951年法拉利375在迈勒·米格拉尔汽车大赛上夺得了冠军，此后法拉利多次出现在世界各地的赛车比赛上并屡获殊荣。

尽管恩佐·法拉利同意遵守不竞争条款，但是由于对赛车的热爱，法拉利很快就开始研制一款8缸1500 cc赛车，这就是为人所知的815敞篷赛车，它参加了1940年的Mille Miglia比赛。

1956年经过法拉利改装的方程式赛车获得了世界一级方程(F1)赛车年度总冠军，这些成绩奠定了法拉利赛车的地位，也牢牢地抓住了跑车迷的心。此外，法拉利车队是自1950年F1大奖赛首次开赛以来惟一每年都参加的车队。虽

105

然取得了好成绩，但是恩佐·法拉利参加比赛的开销要自己支付，所以法拉利继续开始制造并销售可以上路的超级跑车用于支持自己的比赛。

1962年，法拉利推出了GTO车型，这款车型使法拉利站到了全球跑车界的顶峰，GTO帮助法拉利赢得了上世纪60年代多数大型赛事的冠军。GTO系列成为法拉利历史上永不磨灭的番号。

1987年，法拉利推出了划时代的超级跑车F40，这款车是为了纪念法拉利车厂生产跑车40周年而打造的，F代表法拉利的首字母而40代表40周年。1995年，法拉利推出了F50。F50的外形极富个性，前盖上两个巨大的通风孔不仅打破了传统跑车前脸的布局，而且更加突出了它高耸的前鼻子和圆滑的大灯及弧形的进气口，好像一只在公路上游弋的红色梭鱼。

2002年，法拉利推出了Enzo Ferrari，这款车是F50的后继车型，按照之前两代车型的命名方式这款车应该被称为F60，但是法拉利人认为这款车应该以恩佐·法拉利的英文名字来命名。

1988年，恩佐·法拉利走完了自己辉煌而传奇的一生，90年间，他和他的车队赢得了14次勒芒24小时耐力赛冠军和9次F1总冠军。他的名字已经成为世界上最具声望的一个品牌。恩佐·法拉利究其一生致力于提高赛车性能，不断地创造奇迹，用他所有的热情成就了人类赛车史上一个又一个辉煌。他的精神已经深深地植入了法拉利品牌，鼓舞着法拉利创造了在全球跑车界的地位和成绩，他对赛车的执着和热爱是法拉利能够创造辉煌的源动力，也使得法拉利永远地站在全球跑车界的顶峰。

保时捷 〉

当众多欧洲超级跑车都以非常高调的姿态展示于世时，唯独有一个超跑品牌既站在了跑车界的巅峰又做到了亲民，而它就是来自斯图加特的跃马-保时捷。保时捷不仅是世界知名汽车品牌，更代表了世界超级跑车的文化，其生产的保时捷911是迄今为止世界赛车中最畅销的一款。保时捷把每一种想法都视为一种机遇，为了追求完美的性能可以在技术层面上作出大胆的革新，但无论如何变革，保时捷始终如一地坚持着自己独特的设计理念，也正是这种精髓使保时捷公司不断欣荣并引导保时捷坚持自己的风格至今。这也是保时捷品牌的核心所在：一个力求至臻完善的标准。

费迪南德·保时捷

保时捷的英文车标采用德国保时捷公司创始人费迪南德·保时捷的姓氏。图形车标采用公司所在地斯图加特的盾形市徽。商标中的"STUTTGART"表明公司总部位于斯图加特；中央的跃马则象征保时捷跑车拥有惊人的爆发力；左上方

和右下方是鹿角的图案，表示斯图加特曾是狩猎的好地方；右上方和左下方的黄色条纹代表成熟了的麦子，喻示五谷丰登，黑色代表肥沃的土地，红色象征人们的智慧和对大自然的钟爱。这一切组成了一幅美丽的田园

风景画，象征着保时捷辉煌的过去和美好的未来。

保时捷公司的创始人费迪南德·保时捷1875年出生于奥地利，1889年，在当地的文法学校和Reichenberg的州立职业学校完成学业后，他进入父亲的公司，成为一名水暖工学徒。

费迪南德·保时捷可以说是个天才，他在24岁时（1899年）就已经发明了电动轮套马达；1900年，巴黎车展上展出的罗纳尔–保时捷电动车，此车的轴头马达均由费迪南德·保时捷设计，这让保时捷很快名扬四海。当时才25岁的费迪南德·保时捷受聘于Lohner车厂担任设计师，在这里他已显示了出众的才能。

1906年，费迪南德·保时捷转到Daimler（戴姆勒）车厂的奥地利分公司，担任技术总监，并在1923年晋升为戴姆

勒总厂的总工程师。1926年，戴姆勒与本茨（Benz）车厂合并为现在的奔驰车厂。1928年，身兼戴姆勒技术指导、董事会成员等职的费迪南德·保时捷发明了传奇的梅赛德斯SS和SSK机械增压跑车。但由于在此期间费迪南德·保时捷向奔驰建议"生产平民轿车"的提议遭到当时董事会的否决，最终让费迪南德·保时捷离开了公司。

1931年3月6日，费迪南德·保时捷在

几位投资者的帮助下，在斯图加特建立了一家设计公司，专门开发汽车、飞机及轮船的发动机。这就是现今保时捷 AG的前身。其后，

款高性能赛车，这几款赛车也被认为是保时捷跑车的前身。

保时捷便开始着手"大众车"的开发计划。1935年原型车诞生，它就是大众车厂的"甲壳虫"。1938年，在费迪南德·保时捷的指导下，第一家生产大众汽车的工厂正式成立。至今甲壳虫已经连续生产了六十多年并成为世界上产量最大的车款。在上世纪30年代，费迪南德·保时捷也为奥迪车厂的前身—AutoUnion设计了3

二战结束后的1946年，保时捷的设计公司迁往奥地利，费迪南德之子费利·保时捷（Ferry Porsche）与其妹妹露易丝·皮耶希（Louise Piech）也正式加入经营管理阵容。1948年，在费利·保时捷的领导下，一款以大众部件为基础的356跑车诞生了，这是第一款以保时捷来命名的，底盘由轻金属制成的跑车。356拥有轻巧的车身、低风阻系数、灵活的操纵性能及气冷式发动机，并且引擎采用保时捷经典的后置后驱布置方式，这些特性使它与众不同。

1950年，保时捷公司迁回斯图加特，接着用租来的厂房建立了生产车间制造车身，至此保时捷成为一家独立的汽车生产厂。费迪南德·保时捷在实现了制造

自己的跑车的梦想之后，于1951年去世。

20世纪50年代和20世纪60年代，保时捷自主研发生产的后置后驱跑车356风靡欧洲。1961年，保时捷开始研发6缸发动机的车。车身设计由费利·保时捷的儿子—亚力山大·保时捷来进行。在1963年法兰克福国际汽车展上，保时捷推出了356的"接班人"911。在尾部安装水平对置风冷发动机的基本构想在911车型上得以保留，直至今日它的魅力仍丝毫未减。911取代了以前的4缸发动机，第一次在汽车后部装置6缸boxer发动机，这一点一直到今天都没有改变。虽然和今天的车型相比，那时候的911只有130马力的功率，但仍然可以在9.1秒内从0加速到100公里，最高时速达到210公里/小时。保时捷911的传奇由此开始谱写。

保时捷是一个固守着自己的理念而又不断创造奇迹的品牌。其经典的空冷式水平对置发动机、甲壳虫般的造型都已经在保时捷车迷的心中根深蒂固。也正是因为保时捷这种特立独行的个性，以及"以小搏大"的精神，才让它既真正处于超跑的巅峰，又让它如此亲民。

保时捷品牌大事记

1900 年——巴黎车展上展出的罗纳尔－保时捷电动车。此车的轴头马达均由费迪南德·保时捷设计

1928 年——身兼戴姆勒克莱斯勒技术指导、董事会成员等职的费迪南德·保时捷发明了传奇的梅赛德斯 SS 和 SSK 机械增压跑车

1931 年——费迪南德·保时捷在斯图加特建立了保时捷设计制造室，这就是现今保时捷 AG 的前身

1933 年——计划生产 32 型轿车，这就是大众的鼻祖

1936 年——第一辆大众原型车进行了首次全面道路测试，试车路线的起点正是保时捷俱乐部在斯图加特的所在地

1938 年——在费迪南德·保时捷的指导下，建造了第一家生产大众汽车的工厂，此间 60 型轿车日渐成熟，并确立了最终造型。但是，第二次世界大战使投产计划化为泡影。即便如此，60 型还是为 kubelwagen 提供了基础。直到战争结束，1946 年大众才将其投入生产

1947 年——费迪南德·保时捷在奥地利制造了一辆大奖赛赛车，而早在 1944 年设计制造室就已迁离斯图加特

1948 年——在费利·保时捷的领导下，一款以大众部件为基础的 356 跑车诞生了。这是第一款以保时捷来命名的，底盘由轻金属制成的跑车

1950 年——保时捷公司迁回斯图加特，开始了保时捷历史的新篇章。接着用租来的厂房建立了生产车间制造车身，由此保时捷成为一家独立的汽车生产厂

1951 年——356 赢得了勒芒 24 小时

赛事，从此开始了它的世界赛车生涯，从一开始赛车就成为保时捷品牌的一项重要活动

1953 年 —— 保时捷 550 Spyder，装备有 1.5 升发动机，4 个凸轮轴，110 匹马力

1961 年 —— 保时捷开始研发 6 缸发动机的车，车身设计由费利·保时捷的儿子——亚历山大·保时捷来进行

1963 年——法兰克福车展保时捷推出 356 的"接班人"911，尾部安装平置风冷发动机，并于次年开始生产

1969 年——保时捷第二次赢得公务车世界冠军赛，紧接着第二年 911 又赢得了蒙特卡洛拉力赛

1970 年——保时捷 917 首次亮相日内瓦，并获得多项世界赛事冠军

1971 年——开始建立 weissach 研发中心 1972 年——在主席费利·保时捷领导下，公司走向公众

1974 年 ——911 turbo（930 款）的诞生掀开了保时捷历史的新纪元，它是一款废气增压汽车。保时捷是第一家将电镀车身运用在系列车型上的厂家

1975 年 —— 保时捷推出 924，第一款发动机前置，变速箱和驱动后置的运动车

1977 年 —— 保时捷推出 928，它配有轴间驱动、V8 发动机以及铝制底盘。并于次年成为第一辆赢得"年度最佳车型"的跑车

1983 年——法兰克福国际车展上"b组"技术研究成果的展示引发了四轮驱动 959 车型的开发，并于 1986 年成为第一

辆夺冠巴黎－达卡尔越野赛的跑车，此后该车型进行了限量生产

1989 年——在费利·保时捷 80 岁生日庆典上，经典的 911 carrera 2（964 款）问世，它配有新型手自一体变速箱

1993 年——底特律车展上，保时捷推出了一个全新的研究成果：一辆安装了中置水平发动机的敞篷车 Boxster

1996 年——Boxster 被推向市场；boxster 使保时捷品牌的市场大大年轻化。与此同时，老一代风冷技术淡出市场；新时代的标志：液冷技术全面启动，并生产了 996 车型

1997 年 —— 新 款 911 carrera coupe 运用了水冷引擎、六缸技术及四

阀门技术，变得更快、更安全

1998 年——911 的演变在新型敞篷车上得以延续。并且推出了划时代的速度机器：GT1；同年提出卡宴的生产方案

2000 年——高性能保时捷 Carrera GT 跑车在巴黎卢浮宫首度面世，成为跨世纪的产品

2006 年——Cayman 是继 Cayman S 之后的又一力作，它的诞生进一步完善了 Porsche 的跑车家族系列

2009 年 新款轿跑 Panamera 全球首发

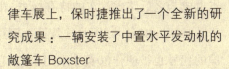

"颠沛流离"下的辉煌——路虎 >

1945年，二战结束后，英国罗孚汽车公司在本土市场上站稳脚跟，并且无偿获得了建于战前的索利赫尔工厂，罗孚为了充分发挥工厂的规模优势，决定研发一款全新车型。那时，执掌公司大权的核心人物是维尔克斯(Wilks)兄弟—斯宾塞(Spencer)和莫里斯(Maurice)，他们在一次农田劳作时，受到战后留下的一辆美国威利斯Jeep的启发，决定生产一辆轻型四轮驱动多功能车型，新车的研发理念就是可以在农田等恶劣路况下行驶的车辆。

1947年夏天，首批原型车组装完成，新车被命名为"Land Rover"，意思是可用于农耕的罗孚汽车（Rover为罗孚公司的商标）。Rover的含义最早是指北欧一个勇敢善战的海盗民族，罗孚公司的汽车商标便是一艘海盗船，海盗船上张开的红帆象征着公司乘风破浪、所向披靡的大无畏精神。源于罗孚的路虎品牌最早使用的是和罗孚一样的海盗船标志。

1948年在索利赫尔工厂制造路虎汽车的工作如火如荼地展开。最初车款采用1.595L的汽油发动机驱动，并首次采用汽油发动机带动低传动比的四轮传动系统，提高了车辆的越野行驶能力。这一特点也成为之后路虎汽车的特有标志。由于其轴距为80英寸，因此这款第一辆路虎的代号也被叫作80英寸乘用车型，它在1948年4月的阿姆斯特丹汽车展上一鸣惊人。这款车不仅引起了广大英国农民的兴趣（作为英国经济复苏的主力大军，农民买车不受购买税收的限制），还为罗孚打开了不小的海外市场突破口，订单开始像雪片一样飞了过来。第一年的产量只有3048辆，但1949年车型的产量达到8000辆，而且1950年车型的产量翻番达16000辆。

　　凭借出众的越野性能,路虎车型也受到了军方的喜爱。1949年,"英国军队"订购了其第一辆Land Rover,公司还向"军队"提供了一批实验车。"英国武装部队"最终采用了许多不同车型的Land Rover,将其作为标准的轻型四轮驱动汽车。路虎的出现使得罗孚的产品系列更加丰富,更重要的是维尔克斯兄弟救活了索利赫尔工厂。

　　到了1959年,第25万辆路虎汽车驶离西米德兰(West Midlands)Solihull的生产线,路虎已经一改农用车的本来面目,完成了向越野车的成功转型。至此确立了路虎在市场上的成功地位。

　　如果要说路虎产品中最成功的是什么,很多人都会说是揽胜系列。其实早在1967年9月,路虎的第一辆全尺寸原型车就已经制造成功,它就是揽胜的雏形,它浑身刚毅线条的车身延续了传统,车辆测试结果也非常令人满意。上市指日可待。1968年,投产开始,车型被暂时命名为VELAR(西班牙语,意思为秘密中秘密)直至最后定名为 Range Rover,也就是今天中文意思的揽胜。量产的同时,各项路面测试的进行也非常顺利。1970年6

月17日，路虎公司向媒体公布了揽胜系列车型的面世，它安装有Land Rover的3.5升V8汽油发动机和取代了Land Rover旧式钢板弹簧的宽幅螺旋弹簧；与原车型相比具有相同的克服恶劣条件和越野能力的同时，Range Rover还可带来公路上驾车的舒适感与高性能。多年来对设计方向的坚持，带来的是空前的胜利。一时间各分销商门庭若市，排队等候购买的名单络绎不绝。998英镑的售价，出色的越野能力，舒适宽敞的车内空间，完美的细节制造，一时间成了时代的象征。高高在上的驾驶感，给很多高档轿车的客户带来了全新的感觉。

上市后不久，路虎公司意识到揽胜系列的舒适和宽敞成为了市场的宠儿，而不仅仅是由于其越野能力。随着揽胜车型的面世，荣誉滚滚而来。1970年10月，在英国伯爵车展上揽胜获得"最佳展出车型"等一系列奖章，1971年CAR汽车杂志评选揽胜为1971年最佳车型，同年伦敦皇家汽车俱乐部(RAC)杜瓦奖(Dewar trophy)赋予揽胜"汽车工业史上英国最佳技术革新"的荣誉。法国人甚至在卢浮宫的艺术展览馆内展出了一辆揽胜，并称其为现代雕塑艺术的杰出作品。

在Range Rover揽胜系列产品逐渐成为主流的同时，以公司名字命名的老款Land Rover系列产品与揽胜的鸿沟在逐渐变大，为解决这个问题，1989年9月16日在法兰克福汽车展上，路虎带来了它的新作品——Discovery发现系列，发现系列以德国为起始站开始在全球亮相，其目标是推出适用于成长中家庭及休闲用途的、中等价位的旅行车，这种车

借用了Range Rover的许多技术。起初只有三门车型，1990年增加了五门车型。发动机采用可靠的3.5升V8发动机和Land Rover的新型直喷涡轮增压2.5升TDI柴油发动机。Discovery在国内和国外市场上均取得了巨大成功，路虎让许多竞争对手都感到了担忧。

经过60余载的坎坎坷坷，虽然路虎公司几易其手，在三大洲的多个买家中颠沛流离，但依靠其品牌一直坚持下来的那种纯正、胆识、探险与超凡的理念，路虎依旧在全球豪华越野车市场上占有着非常有竞争力的份额。随着新产品的问世，路虎继续书写着其辉煌发展史上的新篇章。

● 路虎品牌大事记

1947 年，首批原型车组装完成，新车被命名为"Land Rover"。

1948 年，在索利赫尔工厂制造路虎汽车的工作如火如荼地展开。

1948 年 4 月的阿姆斯特丹汽车展上，路虎汽车一鸣惊人。

1949 年，"英国军队"订购了其第一辆 Land Rover，公司还向"军队"提供了一批实验车。

1955 年长轴距型汽车问世，这种 107 英寸的轴距被用于 4 门旅行车。

1959 年，第 25 万辆路虎汽车驶离西米德兰(West Midlands)Solihull 的生产线。

1961 年，Land Rover 重新设计的"IIA 系列"车型问世。

1966 年 4 月生产出第 500000 辆 Land Rover。

1970 年 6 月 17 日，路虎公司向媒体公布了揽胜系列车型。

1970—1971 年间 Land Rover 的最高年产量达 56663 辆。

1976 年生产出第 1000000 辆 Land Rover，成为另一个里程碑。

1980 年，Land Rover 采用新型四缸汽油和柴油发动机，以 5 轴径曲轴为特征。

1982 年自动变速箱成 Range Rover 的选件，并推出了数量有限的第一款豪华时尚精品。

1983 年 5 速变速箱成为标准件。

1982 年通过装备良好的乡间用旅行车与新款 109 英寸大载重量客货两用车的推出，Land Rover 产品系列得到了充实。

1985 年圣诞前夕，路虎的新公司——北美揽胜终于建立，这为 1987 年路虎在美国的新品上市打下了基础。

1989 年 9 月 16 日在法兰克福汽车展上，路虎带来了它的新作品—Discovery 发现系列。

1990 年，为区别品牌和产品，路虎公司将老款 Land Rover 系列产品命名为路虎卫士。

118

1993 年第 150 万辆路虎下线，成为公司的又一个里程碑。

1994 年，罗孚公司正式被宝马收购，路虎也成为集团旗下的越野车品牌。

1997 年春天路虎发布了 Freelander 神行者。

2000 年 3 月，福特汽车公司向宝马集团支付 30 亿欧元 (27 亿美元)，以购买其旗下所有四轮驱动系列产品，包括 RangeRover 路虎揽胜、Discovery 发现、Freelander 神行者和 Defender 卫士。

2006 年，全新路虎神行者 2 代上市。

2007 年，路虎 2007 新款卫士正式推出。

2008 年 3 月 26 日印度企业界的巨人塔塔集团旗下塔塔汽车公司和美国福特汽车公司发表联合声明，塔塔以 23 亿美元的价格将福特旗下"捷豹"和"路虎"两大知名汽车品牌收于麾下。

2007 年时，为了迎接并庆祝公司 60 载所带给路虎的荣耀，路虎特地推出了一款名为 LRX 的概念车。

2010 年 7 月 1 日，路虎在英国正式发布了 LRX 的量产版车型，并现场公布其车名定为揽胜 Evoque（在 2010 年 12 月 20 日开幕的广州车展上确定中文名：极光）。

星辉照耀——奔驰 >

它是德国汽车王国桂冠上最璀璨的一颗明珠，它是传奇的汽车始祖。它诞生以来的100多年里，每一次亮相都伴随着人们艳羡的目光。它血统纯正、工艺精良，众人梦寐以求却不敢轻易染指。这，就是梅赛德斯–奔驰。

历史上当然没有梅赛德斯·奔驰这样一个人，但说起梅赛德斯–奔驰汽车公司的历史，就不能不提及这样4个人：戴姆勒、本茨、迈巴赫以及杰里耐克。

出生于1834年的戴姆勒曾是一间孤儿院的机械工厂督导员，他在这家工厂巧遇了汽车设计天才迈巴赫。迈巴赫在汽车设计事业上一直追随戴姆勒，此前

他曾经担任一家公司的技术绘图员及蒸汽发动机厂的设计总管。1882年，迈巴赫把发动机装在"Viktoria"的前轴上，成为首辆前置发动机的汽车，使汽车设计跨越了一大步。1890年，戴姆勒创办了自己的汽车公司DMG（Daimler-Motoren-Gesellschaft）。他与迈巴赫共同开发了第一辆戴姆勒汽车，他们生产的汽车开始吸引人们的目光。一位叫杰里耐克的商人在1897年拜访了DMG，他订购了一辆6马力的戴姆勒汽车。这位迷恋汽车运动的商人很快要求戴姆勒再为他生产两辆车速超过40公里/小时的高性能汽车。1898年9月，2辆名叫"戴姆勒·凤凰"的汽车

被交到了杰里耐克那里，这是世界上首款装备4缸发动机的汽车。

1898年，杰里耐克开始与DMG签订销售合同。1899—1900年，他销售DMG汽车的同时，也积极参加欧洲的汽车比赛，他参赛的车辆被称为"梅赛德斯"，这是他的笔名，也是他女儿的教名。他的梅赛德斯赛车在赛场上的好成绩为戴姆勒汽车赢得了声誉。1900年，杰里耐克又向DMG公司订购了36辆汽车，这个订单的价值高达55万马克，就购买力来说，这相当于今天的550万德国马克，即使放在今天也是一个大订单，但这个订单有两个附加条件：第一，杰里耐克必须是奥匈、法国和美国的惟一代理商；第二，这种车的名字必须是以他女儿"梅赛德斯"的名字命名。DMG接受了这个订单，

而杰里耐克也向DMG的设计师迈巴赫提出了一些汽车设计建议，并推荐了一些有才华的汽车设计者。在杰里耐克的努力下，梅赛德斯轿车销量大增，梅赛德斯的名字很快被大家接受并流行起来。1902年，戴姆勒汽车公司将"梅赛德斯"进行了商标注册。有趣的是，1903年，在杰里耐克的请求下，他获准改名叫Jellinek-Mercedes，杰里耐克先生成为了梅赛德斯先生，这或许也是父亲从女儿那里获得姓氏的先例。

梅赛德斯的产品名称有了，但是特征显著的商标还没有产生。当时掌控这家公司的是戴姆勒的两个儿子——保尔·戴姆勒和阿道夫·戴姆勒，在设计商标的时候，他们向董事会建议用父亲曾经用过的一个星徽标志作为商标。董事

会接受了这个建议，把表达戴姆勒在陆、海、空三个领域实现机动化宿愿的三叉星徽进行了商标注册。1916年，戴姆勒公司又将梅赛德斯与三叉星徽组合在一起，将公司商标重新注册。

在戴姆勒、迈巴赫以及杰里耐克为戴姆勒的梅赛德斯汽车忙碌的同时，商业和汽车设计天才卡尔·本茨与几位合作伙伴在1883年率先注册了自己的汽车公司——Benz & Cie。1886年1月29日，世界上第一辆汽车的专利由德国皇家专利局授予了Benz & Cie公司的所有者卡尔·本茨，这项专利被称为"安装有汽油发动机的交通工具"，这是人类历史上首次制造出以内燃机为动力的汽车，这一天也被认为是汽车诞生日。随后卡尔·本茨又发明了一套全新的转向系统，这成为了今天四轮汽车的基础。而第一款量产的"Velo"也很快被推向市场，到1901年，共生产了1200辆这种类型的车。与此同时，戴姆勒公司则推出了新的梅赛德斯汽车，相比Benz & Cie的Velo，梅赛德斯更灵巧，功率更强大，更受欢迎。Benz&Cie公司在往后的日子除了在汽车业发展外，在船用发动机、飞机工业

领域及汽油发动机上也做出贡献。1900年，卡尔·本茨的Benz&Cie已经成为世界上最大的汽车制造商。1909年，他们更制造了当时世界上最快的赛车。

遗憾的是，虽然戴姆勒和卡尔·本茨居住的两个城市相距仅80 km，但他们从来没有见过面。他们的公司在他们去世后都由他们的继承人掌控着。在第一次世界大战之后的通货膨胀时期，奢侈品（例如轿车）的销售陷入了困境。只有财力雄厚并具有卓越产品的公司才能够生存下来。DMG和Benz&Cie的产品在市场上竞争激烈，为了生存下去，这两家著名的公司组成了集团公司，从

而实现设计、生产、采购、销售和广告的合并。1924—1926年，DMG和Benz&Cie仍然采用各自的商标，但共同营销其产品。1926年6月29日，这两家历史最悠久的汽车制造商终于合并为戴姆勒–奔驰公司，这家公司开始生产梅赛德斯–奔驰品牌的汽车。

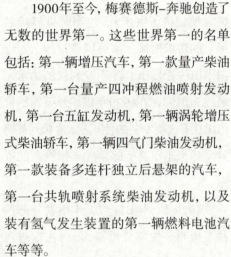

此时，戴姆勒–奔驰公司也开始设计新商标。新商标融合了DMG和Benz&Cie徽标的主要特征：DMG三叉星徽环绕着品牌名称"Mercedes"以及"Benz"，并有月桂树枝环将两个品牌名称连接起来。这个商标已经成为汽车品质和安全性的象征。今天，这个商标已经被装备在了2000多万辆梅赛德斯–奔驰汽车上。

1900年至今，梅赛德斯–奔驰创造了无数的世界第一。这些世界第一的名单包括：第一辆增压汽车，第一款量产柴油轿车，第一台量产四冲程燃油喷射发动机，第一台五缸发动机，第一辆涡轮增压式柴油轿车，第一辆四气门柴油发动机，第一款装备多连杆独立后悬架的汽车，第一台共轨喷射系统柴油发动机，以及装有氢气发生装置的第一辆燃料电池汽车等等。

如今，梅赛德斯–奔驰是最成功的高档汽车品牌之一，其完美的技术水平、过硬的质量标准使之呈现出无与伦比的豪华气质。三叉星成为世界最著名汽车及品牌标志之一。

BIKAER BENCIHAIDONGCHE

岛国传奇——丰田 ›

丰田的创始人丰田喜一郎出生于1895年，其父亲丰田佐吉既是日本有名的纺织大王，也是日本大名鼎鼎的"发明狂"。1896年，29岁的丰田佐吉发明了"丰田式汽动织机"。他发明的这台织机不仅是日本有史以来第一台不依靠人力的自动织机，而且与以往织机不同的是这种织机可以由一名工人同时照看3至4台机器，极大地提高了生产力。连当时世界排名第一的纺织机械厂家英国普拉特公司也向丰田佐吉发出了转让专利权的请求，最终丰田佐吉在1929年以10万英镑的价格出让了这项专利的使用权，这10万英镑就是后来丰田喜一郎创建丰田汽车的资本。

1929年，丰田佐吉派丰田喜一郎前往英国与普拉特公司签约。而在这过程中，丰田喜一郎还花费了四个月的时间体验了英国的汽车交通，走访了英、美尤其是美国的汽车生产企业，彻底弄清了欧美国家的汽车生产状况。这次国外之旅给他留下了极为深刻的印象，坚定了他发展汽车事业的决心，回国之后便开始着手研究汽车。

1930年，63岁的丰田佐吉去世。在

丰田喜一郎

当时汽车行业中，美国的通用汽车公司和福特汽车公司早已成为举世闻名的大企业。在生产技术和市场运作方面，两家公司的实力足以让世界其他所有汽车生产厂家望尘莫及，并且分别将各自的汽车组装厂开到了日本。然而，丰田喜一郎并没有把美国两大汽车巨头的举动过多地放在心上。他全身心地投入到以大量生产为基础的国产汽车工业。终于在1931年，丰田喜一郎成功研制出了第一台4马力的汽车发动机。

1932年，丰田喜一郎继续从事汽车研究，1933年，丰田喜一郎在纺织厂公司设立汽车部，并将一间仓库的一角划作

汽车研制的地点。丰田喜一郎以此为基地，于当年4月购回一台美国"雪佛兰"汽车发动机进行反复拆装、研究、分析、测绘。在研究这台发动机的过程中，他产生了指导日后公司发展战略的理念：

"贫穷的日本需要更偏家用的汽车。生产廉价汽车是我的责任。"

1934年，他托人从国外购回一辆德国产的DKW（奥迪的前身汽车公司之一）前轮驱动汽车，经过连续两年的研究，于1935年8月造出了第一辆A1型轿车和G1型卡车。其中A1是一款大型轿车，外壳呈流线型，很美观，模仿当时的克莱斯勒airflow车型，配备6缸3.4升发动机，输出功率为62马力(46千瓦)。在此之前的1934年，他擅自作主购买了约180公顷土地，积极准备创建汽车厂。

1936年在新落成的工厂，AA型轿车（由A1型轿车改进而来）投产了，最初每个月的产量仅有150辆。一年以后，1937年，toyota公司共生产汽车4013辆，其中AA型轿车和AB型敞篷车只占577辆。1937年8月28日，汽车部宣告从丰田自动织机制作所独立出来，成立"丰田汽车工业株式会社"，地址在爱知县举田町，创业资金为1200万日元，拥有职员300多人。

125

新公司成立之后，对日本汽车工业抱着坚定信心的丰田喜一郎不顾周围的一片反对意见，果断地决定再投入4500万日元巨资构筑月产量2000辆的生产体制，而这项巨额投资几乎相当于公司资本金的4倍。正因如此，丰田汽车公司在成立之初，马上就遇上了一场几乎使其倒闭的危机。当时，席卷资本主义的世界经济危机强烈地冲击着日本经济，总厂的兴建、设备的引进、原材料的采购等急需大量的资金，并且当时丰田制造的车型，在质量上仍有瑕疵，所以销量也并不好，而此时初期的投资已经消耗殆尽，公司已经到了山穷水尽的地步。此时侵华战争爆发了，丰田公司与其他许多生产厂家一道被纳入了战时军需工业品的生产轨道，陆军将其所有库存货车一次购光，这才使其摆脱了危机。

1938年，由于丰田汽车工业公司的原址满足不了生产需要。由这一年起，丰田汽车工业公司将工厂迁至举母，也就是今天的丰田总公司工厂。后来举母市因为丰田公司的存在迅速发展壮大，再后来就直接改成了现在的丰田市。

丰田公司虽然在汽车方面没有多少经验，但坚守一个信条：

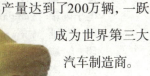

1966年以前，丰田的轿车产品销售上一直都是以皇冠作为主力，直至Corolla（花冠）的绚丽登场。Corolla可以说是丰田历史上最成功的车型，它将丰田带入一个前所未有的光明前途。1967年以后，丰田进入全盛时期，公司的发展可谓势如破竹。世界各地均设有其厂房，到了今天我们也应将丰田称为丰田汽车集团。而1968年丰田将花冠出口到北美也获得了成功，带动了丰田销量的直线上升。

模仿比创造更简单，如果能在模仿的同时给予改进，那就更好。丰田喜一郎与其父亲的理念一脉相承，他知道首先必须生产安全、牢固、经济、传统的汽车，而不是创新性的产品，所以在很长一段时间内，丰田车都具有这样的特点。

1955年，一部在50多年后的今天还一直生产销售的汽车，一部加速丰田全面发展的车辆诞生了！它叫CROWN（皇冠）。当时的皇冠排量为1.5L，命名为皇冠RS，性能表现相当出色，且外形讨好，在当时可以说是冠绝一时，为车厂的崛起又多添了一个重量级的砝码。

上世纪60年代，以经济大发展为背景的日本，汽车市场出现了前所未有的增长势头，在这种情况下，丰田根据需求持续加大了对新工厂新设备的投资。1970年底，丰田又推出小型跑车Celica，不断完善着自身的产品阵容。1971年，丰田年产量达到了200万辆，一跃成为世界第三大汽车制造商。

图书在版编目（CIP）数据

比卡尔·本茨还懂车/于川，张玲，刘小玲编著.
—北京：现代出版社，2012.12
ISBN 978-7-5143-0900-3

Ⅰ．①比…Ⅱ．①于…②张…③刘…Ⅲ．①汽车 –
青年读物②汽车 – 少年读物 Ⅳ．①U46–49

中国版本图书馆CIP数据核字(2012)第274881号

比卡尔·本茨还懂车

作　　者	于　川　张　玲　刘小玲
责任编辑	袁　涛
出版发行	现代出版社
地　　址	北京市安定门外安华里504号
邮政编码	100011
电　　话	(010) 64267325
传　　真	(010) 64245264
电子邮箱	xiandai@cnpitc.com.cn
网　　址	www.modernpress.com.cn
印　　刷	汇昌印刷（天津）有限公司
开　　本	710×1000　1/16
印　　张	8
版　　次	2013年1月第1版　2021年7月第3次印刷
书　　号	ISBN 978-7-5143-0900-3
定　　价	29.80元